◆ 本书为国家社会科学基金重大项目"社会心理建设：社会治理的心理学路径"
（项目批准号：16ZDA231）的阶段性成果

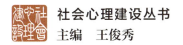

社会心理建设丛书

主编 王俊秀

公共风险

概念、理论与实证

Public Risk

Concept, Theory and Practice

王俊秀 著

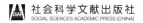

社会科学文献出版社

SOCIAL SCIENCES ACADEMIC PRESS (CHINA)

"社会心理建设丛书"总序

  2018 年是改革开放 40 周年，在这 40 年中，中国人经历了快速的现代化过程，经济高速发展，社会快速变革，城乡格局迅速变化，加上信息化、网络化、全球化的助推，中国民众的社会心态已经发生了巨大的变化。

  在过去的 20 多年，我们中国社会科学院社会学研究所社会心理学研究室（社会心理学研究中心）一直关注中国的社会心态，社会心态研究是我们最核心的课题之一。我们进行了大量的社会心态研究，包括实验研究、问卷调查和定性研究，也在回溯社会学、社会心理学等学科经典及其进展中寻找支撑社会心态研究的理论。通过持续的研究和探索，我们基本完成了社会心态结构和指标体系的建构，初步完成了社会心态指标和测量工具的编制，初步建立了分析社会心态特点和变化的框架。这些研究成果体现在我们研究团队申请立项和完成的国家社科基金项目（一个重大项目、一个重点项目、五个一般项目和青年项目）、中国社会科学院重点项目和一系列创新工程项目、中央和各级政府委托项目、国际合作项目等中，也体现为我们团队发表在国内外各种学术期刊上的大量研究报告和论文、国内一些报刊理论版上的理论文章，为中央和地方决策机构提供的政策建议类报告，以及我们从 2011 年开始每年连续出版的"社会心态蓝皮书"。我们的研究得到了学术界、政府部门、新闻媒体和全社会的关注和肯定。社会心态研究也逐渐发展为一种很有影响的研究范式。

  随着社会的发展，社会心态问题越来越受到全社会的关注，已经成为社会治理中的核心问题。在"十二五"规划中就已提出、党的十八大报告又重申了要"弘扬科学精神，加强人文关怀，注重心理疏导，培育奋发进取、理性平和、开放包容的社会心态"。党的十九大报告进一步提出"加强社会心理服务体系建设，培育自尊自信、理性平和、积极向上的社会心态"，并且作为社会治理的重要内容。党的十九大的主题是"不忘初心、牢记使命"，明确了中国共产党人的初心和使命就是"为中国人民谋幸福，为中华民族谋复兴"。党的十九大报告指出，"不断满足人民日益增长的美好生活需要，促进社会公平正义，形成有效的社会治理、良好秩序，使人民获得感、幸福感、安全感更加充实、更有保障、更可持续"。需要是社会心态的核心概念和指标，人民群众需要的基本状况和满足程度一直是社会心态研究的重要内容，社会情绪管理、社会价值观的引导、社会关系的改善、社会共识的达成都是社会心态研究的核心议题，在以往的研究中我们不断提出新的问题，不断寻找答案。我们在"十三五"规划的研究课题中提出"社会心理建设"的建议（见本丛书中《社会心态理论前沿》一书的第十四章），因为我们认识到，良好社会心态的培育需要依赖社会治理才能够实现，有效的社会治理离不开对于当时社会心态的了解和理解，社会心态对于社会发展具有重要的影响力。2016年由我主持的国家社科基金重大项目"社会心理建设：社会治理的心理学路径"被批准立项，这个课题将从社会心理学角度探讨如何实现有效的社会治理。我们希望以以往的社会心态研究为基础，进一步推动社会心态研究成为研究社会发展的社会心理学，既要注重理论的探讨，也要重视社会实践，使社会心理建设成为继经济建设、法制建设、社会建设、文化建设之后社会治理体系的一个重要组成部分。

"社会心理建设丛书"的出版就是对这一探索的延续，希望这套丛书的出版能吸引更多的研究者关注这一主题，投入这一领域的研究，产生更多有影响的成果，推动社会治理体系的完善。

丛书主编　王俊秀

中国社会科学院社会学研究所社会心理学研究室（社会心理学研究中心）主任，研究员，博士生导师

目　录

第一部分
公共风险的理论和分析

第一章

风险研究的理论与视角

一　风险与公共风险

（一）风险

风险是许多学科研究的对象，既包括社会科学，也包括自然科学，这种学科研究的广泛性也就形成了风险概念的多样性。不同学科、不同研究者从各自的角度对风险进行界定，因此，风险概念存在很大的争议，没有公认的风险定义。在社会科学中，风险概念还与"危险"、"灾害"、"安全/不安全"和"不确定性"等概念相近。

从历史的角度对风险概念进行考察后发现，在西方，"风险"一词最早出现在中世纪晚期与现代早期之间（Luhman et al.，2005：9），这个词的应用与航海、贸易和保险有关，强调的是不确定性。吉登斯（2001：17~19）也指出，"在中世纪，除了一些与风险相关的概念外，没有任何真正的风险概念。就我能够发现的而言，在大多数其他传统中也没有风险这个概念。在16和17世纪，风险这个概念似乎已经有了，西方探险家们开始他们的全球航海时，他们第一次创造了这个概念"。他（2001：17~19）进而解释道："传统文化中没有风险这个概念，因为他们不需要这个概念。风险与冒险或危险是不同的。风险指的是在与将来可能性关系中被评价的危险程度。它只是在将来的社会中被广泛使用——这个社会正好把将来看作被征服或者被殖民的范围。风险暗示着一个企图主动与它的过去亦即现代工业文明的主要特征进行决裂的社会。所有以前的文化与文明包括世界上最伟大的早期文明如罗马或者传统中国都主要是存在于过去。他们使用运气、命运或者上帝的意志等概念，现在我们倾向于使用风险来代替这些概念。"

为什么传统文化中没有风险这个概念？人有了危险的经验，就应该能够主动避免风险的行为，所谓没有这个概念应该是指没有对于风险问题的有意识的系统的阐述吧？中国人说"没有远虑必有近忧"，这"远虑"应该是避免未来不确定性的努力吧？

风险是以过去经验觉知未来时才会出现的，或者说，预测危险是人的自我认知能力发展到一定阶段才会出现的。例如，儿童游泳被淹死在农村很常见，或者山洪暴发时人会被洪水冲走，这是人们很容易发现的规律，当他们发现这个规律后就会去阻止儿童游泳、下雨后要注意躲避山洪，说明他们是有风险意识的，只是人们还没有把这种日常生活、生存经验上升为一种专门的系统化的知识，也没有像现在的人类这样反思人类的发展历程。另外就是人们把事情发生的原因都归于超自然的力量，如鬼神、命运等。伦内（2005：63）因此说，"如果未来已预先注定或独立于现在的人类活动，'风险'一词则毫无意义"。

也就是说，风险概念的确立是以当下行为引出某种后果估计为基础的，伦内（2005：63）认为，所有的风险的定义都包括三个因素：有害的结果、发生的概率和现实状况。不同的风险研究视角提供了不同的对这三个因素的概念化，都分别表述三个问题：我们如何确定或测量不确定性，什么是有害结果，什么是根本的现实状态。伦内（2005：64）赞同卢曼等人的风险定义，"风险这一术语意味着现实中一个有害状态的概率（有害效果）可能作为自然事件或人类活动的结果而发生"。他指出，这一概念中包含了行动和结果之间的因果关系，如果更改行动，则有害的结果就能避免或减轻，而这个因果关系可能是科学的，也可能是非科学的，如宗教的或魔法的。

既然这种因果关系的解释可以是科学的也可以是非科学的，那么自然也就会有风险成为现实的危险或者不会带来危险，因此，对于风险是实在的还是人为解释建构出来的争论一直未停止也就不足为怪了。乌尔里希·贝克（2005：321）认为他自己既是一个实在论者也是一个建构论者，也就是，他承认风险既有实在的依据也有建构的成分。

贝克（2005：322～323）认为风险概念反映了安全与毁灭之间的特定的中间地带，而风险的感知决定着人们如何思想和行动。他也承认文化定义了风险的"定义关系"，这种定义关系类似于马克思的生产关系，文化感知和定义构成了风险。因此，所谓风险就是"公众定义的风险"。而风险的定义不是凭空而来的，是现实的反映。贝克（2005：323）采用约斯特·房龙的概念来说明风险，认为风险是一种"虚拟的现实"和"真实的虚拟"。房龙认为，"只有当我们把风险想象成一种现实，或者更准确地说，想象成一种逐渐形成的现实（becoming real，一种虚拟）时，我们才可能理解风险的社会物质化（materialization）。只有当我们把风险想象成一种建构时，我们才可能理解其无限延迟的'本质'"（贝克，2005：323）。

贝克（2004）的风险概念与其反思性现代化的概念密切相关。风险被界定为系统地处理现代化自身引致的危险和不安全感的方式。"风险与早期的危险相对，是与现代化的威胁力量以及现代化引致的怀疑的全球化相关的一些后果。它在政治上是反思性的。"

贝克（2005：337～338）归纳了风险概念的八个特点：（1）既非毁灭也非信任/安全，而是一种真实的虚拟；（2）是一种有威胁的未来，（仍然）与事实相反，成为影响当前行动的参数；（3）既是事实陈述，也是价值陈述，它在数字化道德中得以结合；（4）控制与失控，正如在人为制造的不确定性中所表现的那样；（5）在认识（再认识）冲突中所意识到的知识和无意识；（6）全球和本土被同时重组为风险的"全球性"；（7）知识、潜在影响和症候后果之间的区别；（8）一个人造的、失去了自然与文化二元论的混合世界。

伯内德·罗尔曼、奥尔特温·雷恩（2007：2～3）认为，大多数风险概念都有一个共同的要素，就是现实与可能性之间的区分。除非认为未来是命中注定的或是与当前的活动无关，这时就无所谓风险的概念了，否则，风险就是"一种人们不希望出现的现实（负面后果）可能会作为自然过程的或人类活动的后果而发生"（罗尔曼、雷恩，2007：2～3）。因此，他们把风险定义为"人类的行动、情境或事件会带来一些影响人们所珍视的东西的后果的可能性"（罗尔曼、雷恩，2007：2~3）。

这种定义中同样包含了因果关系的分析，这种因果关系分析的依据可能是科学的、宗教的甚至是迷信的。这个定义中的风险其实是中性的，因为，有时候人们情愿去冒险，主动选择去冒险，也就是，有的研究者提出合意（desired）风险。而多数情况下，人们讨论的风险都是不希望发生的事件，排除合意风险这种情况，从这个更狭义的角度，他们把风险定义为"因某一特定时间框架内的危险而导致出现物理的、社会的或经济的危害/破坏/损失的可能性"（罗尔曼、雷恩，2007：2~3）。而危险（hazard）指的是一些能够危及人类和自然或人造设施的情境、事件与物质。

尤根·罗沙等（2007：241）的风险定义是，"风险是一种人类所珍视之物（包括人类自己）处于危机中或结果呈高度不确定性的情境或事件"。

（二）公共风险

大卫·丹尼（2009：7）认为，"整个社会对不确定性的关注与日俱增，这导致了'风险共同体'（risk community）的发展。风险共同体的成员来自政府、产业界、工会、公众及其代表，从某种意义上说，风险共同体覆盖了所有人群。现在，对风险的评估是一个多维度的、从'不可接受的'到'可接受的'的连续体"。风险共同体可以属于不同的社会层面，是对于个体之上的风险状况和风险情境的描述，从风险受威胁者或承受对象的特点可以把风险分为独担风险、分担风险和共担风险。独担风险对应的风险受威胁者或风险承担者为个体；分担风险的受威胁者或风险承担者为两个或两个以上的组合或群体；共担风险的风险受威胁者或风险承担者为社会、国家，甚至全球的人类。因此，根据以上分析和分类，本研究的公共风险指的是社会中个体必须共同面对和承担的风险，也就是共担风险。

但是，从文字层面来看，公共风险意味着每个人都可能受到风险的威胁，但是并不意味着每个人都会去应对，共担风险则倾向于说明每个人除了可能必须被动承受风险，还应该主动承担和应对风险。丹尼（2009：9）指出，"在创建有活力的经济和创新型社会中，主动承担风险是一个不可或缺的核心元素。而风险，除了被认为与危险相关外，也被视为全球资本主义发展的推动力、进步的积极力量，以及参与基于技术的全球化时代的前提。从这个立场出发，有些人声称西方社会过去的发展基于风险之上"。这是强调风险除了我们熟知的消极影响外，也有其积极的方面。对于公共风险管理来说，则要去发掘应对风险的社会积极行为。

二　风险社会理论

虽然贝克并不是最早的关于风险的研究者，但他在 1986 年出版的《风险社会》一书掀起了一个风险研究的高潮，使风险研究成为一个热门的研究领域。在这部著作中，贝克把风险作为后现代社会的重要特征，并命名为"风险社会"（贝克，2004）。

贝克（2004：15~16）认为社会的变迁已经从传统的"工业社会"或"阶级社会"发展到"风险社会"，已经"从短缺社会的财富分配逻辑向晚期现代性的风险分配逻辑转变"，在"工业社会"或"阶级社会"，突出的问题是围绕着社会财富如何通过社会中不平等的然而又是"合法的"方式实行分配的，但"风险社会"的问题是不同的，"风险社会""在现代化进程中，生产力的指数式增长，使危险和潜在威胁的释放达到了一个我们前所未知的程度"。

他指出，"现代化正在变得具有反思性；现代化正在成为它自身的主题和问题"（贝克，2004：16）。贝克的"风险社会"理论提出的基础就是现代化的反思性，人类在现代化的反思中认识到了自己面临的不可化解的风险，"在风险社会中，不明的和无法预料的后果成为历史和社会的主宰力量"（贝克，2004：20）。"风险的概念直接与反思性现代化的概念相关。风险可以被界定为系统地处理现代化自身引致的危险和不安全感的方式。风险与早期的危险相对，是与现代化的威胁力量以及现代化引致的怀疑的全球化相关的一些后果。它在政治上是反思性的。"（贝克，2004：16~20）

贝克（2004：18）指出，现代化的风险包含三个方面的变化：首先，从工业社会人们应对个人风险过渡到人们面对同样的全球性威胁；其次，人们面对的风险已经从感知到的危险发展到了不被感知到的危险，这些危险不能耳闻目睹，而是存在于物理、化学的原理中；最后，人类过去面对的危险是医疗技术的缺乏，而今天的风险却转变成了工业的过度生产对全球生物的威胁。

贝克（2004：20～22）强调风险社会有以下五个命题。（1）产生于晚期现代性的风险是超越人类身体感知能力的，通过现代科学知识来认识，或者被放大、缩小或扭曲，也就是被社会建构的，贝克认为，"掌握着风险界定的权力的大众媒体、科学和法律等专业，拥有关键的社会地位和政治地位"。（2）风险的分配存在社会风险地位，某些方面伴随着阶级、阶层的不平等。但生态破坏、核泄漏等危险是没有边界的，是威胁全球人类的，因此，贝克提出风险社会是世界性的风险社会。（3）风险的扩散和商业化进入了一个与传统资本主义不同的新阶段，风险带来的是永远无法满足的需求，正是对这种风险经济利益的追求，"工业社会产生了风险社会的危险和政治可能性"。（4）人可以获得财富，但人无法摆脱风险。（5）风险社会是一个灾难社会。风险社会中出现的是一种灾难的政治可能性。

贝克的风险理论强调了风险社会与以往阶级社会的不同表现为风险分配和财富分配。他指出，"风险分配的类型、模式和媒介与财富分配有着系统的差别。但并没有排除这样的情况，即风险总是以层级的或依阶级而定的方式分配的。在这种意义上，阶级社会和风险社会存在很大范围的相互重叠。风险分配的历史表明，像财富一样，风险是附着在阶级模式上的，只不过是以颠倒的方式：财富在上层聚集，而风险在下层聚集。就此而言，风险似乎不是消除而是巩固了阶级社会。贫穷招致不幸的大量的风险。相反，（收入、权力和教育上的）财富可以购买安全和免除风险的特权"（贝克，2004：36）。

他在指出风险的分配存在阶层的不公平的情况下同时指出，风险社会下任何人都不能置身于风险之外，"风险社会在它的扩散中展示了一种社会性的'飞去来器效应'，即使是富裕和有权势的人也不会逃脱它们"（贝克，2004：39）。

他用"世界风险社会"来说明风险的全球性，他甚至认为自然与文化之间不再有明显的界限，"这些领域间界限的消失不仅是由自然与文化的工业化所导致的，也是由那些危及人类、动物和植物等的危险所导致的。不管我们对臭氧层空洞、污染或食物紧缺问题持何看法，大自然已经无可避免地被人类活动污染了。也就是说，共同的危险产生了一种'削平效应'，它削平了阶级间、民族间、人群间以及自然其他部分之间的界限，削平了文化创作者与直觉动物之间的界限，也削平了生物与无灵魂之物之间的界限"（贝克，2004：335～336）。

风险社会理论引出了许多关于风险的问题，风险研究中最著名的问题大概要数"多安全才算安全"（how safety is safe enough）了（Douglas，1992）。这个问题意味着人们都明白，百分之百的安全，或者零风险是不存在的，"这也使得安全问题在一定意义上从一个客观的社会状况的描述性问题转而成为一个主观的'安全感'（security）问题。其原因在于，人们越来越自觉地认识到，人类无法消除风险，只能尽量避免风险或使其损失最小化，并尽最大努力营造一个有安全感的社会"（王俊秀，2008：）。科来奇（Colledge）和斯廷普森（Stimpson）认为，风险存在于环境的基本形态中。当个人已知将要发生的后果，或者周围的环境是可检测的（如辐射）时，风险才存在。此外，当明知有风险而仍然采取行动时，风险也存在。为了国家的安全而发动战争的行为，其本身也构成了风险。风险也存在于人们逐渐认识到的特定环境中，如城市化的污染、遥远的荒野。当社会行动或疾病的可接受程度不确定时，风险也存在，比如抽烟和饮酒（丹尼，2009：7～8）。

贝克（2004：16）认为"风险社会"的问题是，"在发达现代性中系统地产生的风险和威胁，如何能够避免、减弱、改造或者疏导？最后，它们在什么地方以一种'延迟的副作用'的形式闪亮登场？如何限制和疏导它们，使它们在生态上、医学上、心理上和社会上既不妨害现代化进程，又不超出'可以容忍的界限'"。

在风险研究的早期，也就是 20 世纪 70 年代末，美国的风险分析和管理研究提出了 10 个问题（戈尔丁，2005：31）。（1）我们怎么确定"多安全才算安全"？（2）估计与不同科技相关的风险的知识和方法有多完善？（3）风险估计是怎样被纳入决策的？（4）决策者是怎样对待与不同风险和危害相联系的不确定性的？（5）风险与不确定性制度背景的特点是如何影响决策制度的？（6）什么因素影响个人的风险和收益认知？

（7）风险和收益认知是怎样被纳入公共政策的？（8）社会如何应对那些针对部分人口的不可接受的风险？（9）对如公平和社会公正这样的规范考虑是如何在风险决策中被平衡的？（10）比较和评价不同管理政策的标准是什么？

而奥特温·伦内（2005：60）认为风险研究应该思考这些问题："什么样的标准是处理风险的合适标准？多安全才算安全？社会是否应该不论背景对所有种类的风险一律采取一套统一的标准？谁应该参与制定这些标准？如果这些标准被证明不合乎要求谁应该负责？

对于中国的研究者来说，风险问题是一个远没有探索的问题。不断发生的不安全事件给人们带来了不安全感、焦虑，人们如何认知这些风险？人们对不同风险的态度有何特点？人们是如何应对这些风险的？

当安全的问题转变为安全感问题后，中国人觉得"多安全才算安全"呢？当风险问题成为有关风险的心态问题后，这一问题就转变为"多大的风险可以承受"。中国人在心理上和经济上的风险承受力有多大？

中国人对于风险大小是如何判断的？不同群体的风险认知有何特点？中国人风险认知的独特性在哪里？中国的风险文化有何独特之处？中国人的风险认知特点和风险行为策略如何影响风险管理和风险应对策略？

三　风险的文化视角

斯科特·拉什（2005：68）提出，应该用"风险文化"的概念来取代或补充"风险社会"的概念，因为"社会"这个概念是基于一种假定，就是社会可以对个体成员有一种决定性的、制度化的、标准的、规则制约性的秩序，而"文化"的概念是没有这种假定的秩序的，是一种反思性或决定性的无序状态。因此，他认为"风险文化存在于非制度性和反制度性的社会相互作用中。他不是通过程序性的规范而是通过实际价值进行传播。他的治理形式不是规则而是符号：更多地表现为水平的无序和混乱，而非垂直的秩序和等级"（拉什，2005：68）。

基于对社会概念的这种强调，拉什（2005：69）认为贝克的"风险社会"概念是自相矛盾的，他认为贝克所讲的风险社会的风险的出现是其社会特性弱化的结果。"风险社会的概念和反思现代化假设了一个从传统向简单现代性，最终转向反思现代性的三个阶段变动序列。在传统向简单现代性的转变中，'社会的'组织和'社会的'制度取代了共同体形成的传统秩序的社会相互作用。在反思现代性阶段，取代了共同体和传统秩序的社会的宰制地位正受到来自全球地理、日常生活的文化熏陶和信息化以及社会规范合法性降低的挑战。只有在这个时候，风险文化才可能出现。我想声明的是：'风险文化'是一个取代'制度化社会'的实体，风险文化在过去决定性的地方引入了非决定性。风险社会的概念不在于其过于现代了，而在于他还不够现代。在贝克的风险社会中，决定性的制度规范力量尚存，反传统还不够全面。而这只有通过用风险文化取代风险社会才有可能实现。"（拉什，2005：69）

对于道格拉斯和维达夫斯基（Douglas & Wildavsky，1983）的《风险和文化》一书，拉什（2005：70）认为他们的论述强调的是现代的风险其实并没有增加，而仅仅是感知到的风险增加了，而感知到的风险增加的原因在于一群有影响力的成员以一种强有力的方式声称真实风险在增加。也就是说，风险是由一群"来自社会边缘的建构主义者"建构的。

拉什（2005：72~73）认为《风险和文化》提供了一种风险关注和感知的分类学，这是有关不同的社会群体如何选择风险、群体的文化特性如何使其选择性地感知特定风险的分类学，道格拉斯和维达夫斯基划分了三类风险关注或"风险选择的领域"。第一类，社会政治风险：来自内部的异常人员对社会结构的威胁，特别是来自犯罪或外部敌人等人类暴力的风险。第二类，经济风险：对经济的威胁，或经济运行失误的风险。第三类，自然风险：对自然和人体的生态威胁，即"技术带来的风险"。他们认为，尽管来自技术的风险降低了，但我们对第三种风险的感知却显著增加了。道格拉斯和维达夫斯基认为，结构的变化是由三种不同的"风险文化"引起的：第一种，趋向于选择社会风险的等级制度文化；第二种，趋向于选择经济风险的市场个人主义文化；第三种，趋向于选择自然风险的"派系""边缘"文化。前两种为中心，第三种为外围，他们认为文化导致了结构的组织解体。

四 风险认知研究

在国内学术界，"risk perception"被译为"风险认知"或"风险感知"。伯内德·罗尔曼、奥尔特温·雷恩（2007：3）指出，在社会科学中，人们对风险的观点一般被称为风险感知（risk perception），但他认为其实风险是不能被感知的。在这里，用风险感知似乎更适当，而不能说风险不能被认知，也就是说，感知比认知更偏重感官特性，认知更偏重知觉和思维的特性。其实，汉语的感知应该是感觉和知觉的合称，在心理学中，感觉（sensation）是个体通过生理器官获得外界信息的过程，分为视觉、听觉、嗅觉、味觉、触觉、运动觉等，而感觉的提出只是方便理解，人在日常情况下并不是仅仅依靠单一的感觉获得信息的，十多种感觉在同时获得信息，并且个体也不是依靠纯粹的感觉，而是掺杂了个体以前的感知和经验，也就是知觉（perception）。因此，风险感知实际上属于知觉范畴，而知觉是通过感觉获得环境信息，再通过个体经验进行解释、分析或行动的过程。

而认知（cognition）则是更为综合的心理过程，是人认识事物的心理过程，包括感觉、知觉、记忆、思维、想象等。

罗尔曼、雷恩（2007：4）认为，风险认知这个术语指的是人们对正在或可能影响他们（或者他们的设施、他们的环境）的危险的判断和评估。他们认为风险认知必须考虑经验和信仰。所以，在这个意义上，"risk perception"是超越了风险的知觉，是风险的认知。他们认为由于自然科学和社会科学的学科特性，对于风险的认知必然存在很大差异，甚至冲突，各学科基于自己学科特点的研究必然有其局限性。他们认为风险认知包含了复杂的议题（见图1-1）。

罗尔曼、雷恩（2007）认为人们常常说的"感知到的风险"实际上是指对更为具体的风险的大小和水平的判断和评估，以及对风险的接受程度。感知到的、"现实的"、模型化的风险如图1-2所示。

无论是社会学的研究还是心理学的研究都很关注文化方面，不同的是，社会学的文化学派认为不存在风险社会，而只承认风险文化的存在。而倾向于实证主义的研究则把文化看作一个影响方面。尤根·罗沙等

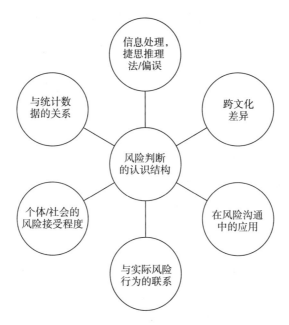

图 1 - 1 风险感知的不同议题

资料来源：罗尔曼、雷恩（2007：5），图形形状略做改变。

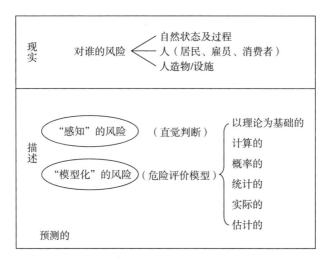

图 1 - 2 感知到的、"现实的"、模型化的风险

资料来源：罗尔曼、雷恩（2007：6）。

（2007：241）认为，风险认知研究存在两种相互竞争的假设：一是作为同一物种的人类拥有同样方式筛选感知到的共同的认知架构，因此，风险感知的基本方式在不同文化中是基本相同的；二是人类感知深深地嵌入了文化意义，因此，不同的文化下会表现出差异。罗沙等通过跨文化的研究发现，在风险认知图式上，美国文化和日本文化非常相似。

雷恩、罗尔曼（2007：271）认为在风险感知的研究中，心理学研究的贡献是发现了风险的定性特征和一些认知因素与情感因素，而社会学和文化的研究则是找出了直接或间接影响风险感知的社会的、政治的和文化的因素。

风险感知的心理学研究揭示了影响个体对风险预测和评估的背景因素，如可怕性、事件的自愿性、控制风险的个人能力、对风险的熟悉程度、伴随的恐惧和毁灭性潜能等。而风险感知的社会学分析则对影响风险的社会、文化和组织因素进行了揭示，如风险承担行为或技术的态度的形成和变化，风险收益分配的公正性，风险解释的社会建构中知识获取、文化价值、社会利益等因素，对科学和政治精英的信任等（雷恩、罗尔曼，2007：280~281）。

雷恩和罗尔曼提出了风险认知影响因素的框架，总结了影响风险认知（感知）的四个层次的因素（如图 1-3 所示），这四个层次分别为文化背景、社会-政治制度、认知-情感因素和信息加工捷思法。第一个层次包括个人或群体在形成有关风险的判断时使用的集体或个体的捷思法，一些研究证明，恐惧感、毁灭的可能性和可控性等对人感知到的风

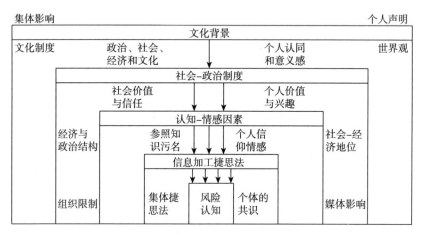

图 1-3 风险感知的四种背景层次

资料来源：罗尔曼、雷恩（2007：282）。

险大小有影响；第二个层次是通过为信息加工捷思法赋予特定权重而直接或间接影响感知过程的认知、情感因素；第三个层次是个人和群体行动的社会与政治框架；第四个层次指的是控制与决定了多数低层次影响的文化因素。

五 风险管理

丹尼（2009：208）指出，"风险管理已经成为后现代社会的一个中心问题。所有个人和组织都建立了一个基于程序、进程以及行为反应的应对感知风险的框架"。其中，风险的评估是利用过去的风险知识作用于未来来避免风险事件的再发生，创造安全的。而罗尔曼和雷恩（2007：3）认为，风险管理指的是将风险（不管是危险自身还是其后果）减少到社会认为可以容忍的程度，并保证对风险的控制、监测和公共沟通的过程。

风险管理并不只是专业人员的职责，而是每个个体成员、社会组织和政府的要务，随着风险的复杂化，民众希望风险能削弱和消除，对风险管理的要求更加迫切。对于风险管理的政策制定者来说，最大的困难是如何根据人们对风险理解的不确定性来限制风险。丹尼（2009：164）认为，风险管理的核心问题之一是合理的预警制度，"被写入国际条约和很多国家的法律条文中的预警原则，现在已经指导着许多组织和政府的行为。大量的规则都关注如何在风险出现之前对其进行识别，并采取有效措施把风险降到最低。风险评估者往往为了创造更多安全空间而采取保守的评估"。而对于预警来说，一般要求掌握的基本原则是一致性、精确性、可预测性和可说明性，预警原则是可以被理解的。而现在在不同国家和地区对于不同的风险的预警原则是不一致的，差异很大，甚至是相反的。

因为风险管理实质上是基于风险容忍度的管理，因此，对于公共风险的管理来说，是基于社会上不同个体对于风险认知的一致性来进行的。因此，了解社会上多数人对于风险认知的状况是确定风险管理原则的基础。

公共风险管理的讨论要区别不同的社会层面，从个体层面来看，个体首先必须学习个体和家庭层面的风险管理，这是任何个体社会化过程都必须完成的，但是，由于新的风险的涌现和风险社会的新特性，个体需要在一生中不断学习个人风险管理。但是，在很多情况下，个体必须去面对个人以外的风险，这些风险是需要群体和社会层面共同面对的。因此，个体是必须面对公共风险的，对于个人风险和公共风险，个体有不同的认知，也有不同的应对策略。但在风险社会下，个体必须更加注重学习如何应对公共风险，以往个体风险管理的策略是不能应对公共风险的。社会中众多个体学会如何与其他个体一起来应对公共风险就成为公共风险管理的核心。因此，正如丹尼（2009：209）的观点，风险共识是风险管理中公共治理正当性的基础，它决定了管理者可以有权定义风险。在讨论降低犯罪风险时，他指出，"在地区层面上，社会控制机构通常使用创造社会共识的方法，比如社会服务、缓刑以及教育，并与行政部门（在传统社会中，它倾向于采取更加强制性的社会控制形式）——非常紧密地联系在一起。群体（而不是个体）同那些试图减少社会中犯罪的政策联系在一起"。而风险的共识中两个核心的问题是潜在的威胁和危险性，以及威胁和危险发生的可能性。从个体层面的风险管理到社会共识的达成，并过渡到了社会层面对于公共风险的管理上，而在更大的层面上就是如何应对贝克所言的全球风险社会，这就是风险的全球治理。

风险社会所面对的许多风险是全球风险，每个个体，每个群体成员，每个不同形态的社会都必须面对一些共同的风险。全球治理委员会（Commission on Global Governance）对全球治理的定义是，"个体和组织、公共和私有部门管理它们共同事物的方式的总和。它是一个持续性的过程，通过这一过程，冲突或不同利益可能会被调和，合作性的治理行动会被采纳"（转引自丹尼，2009：185）。目前，人们对于全球治理有不同的态度，或者悲观，或者乐观。有人认为，通过加强民主化，全球治理能够扮演从根本上防止风险的角色。对环境可持续性的追求，需要形成一个全球的道德和政治社会。全球化和通信技术的发展使这一切成为可能。而有的人认为这些都是幻想。随着气候的变化和环境的恶化，人类社会必将共同面对公共风险。

第二章

风险研究的方法和范式

一　风险研究的不同视角

目前的风险研究已经不是某个单一学科的研究对象，几乎所有学科，无论是自然科学还是社会科学都会涉及风险问题，自然地，风险研究也就因不同学科的参与而有众多研究方法。奥特温·伦内（2005：63）对风险研究的不同方法进行了较为系统的梳理和分析，提出了风险概念和评估的七种方法。（1）保险精算方法，通过对有害事件的统计数据来推算其将来的预期值。（2）毒物学和流行病学方法，通过动物实验或流行病学研究，控制无关变量，比较暴露于风险物质的人口和未暴露于风险物质的人口，量化潜在的风险物质和观察到的危害之间的关系。（3）概性风险分析，计算活动或科技失败导致的一定时间内有害后果的概率。以上三种方法比较相近，被称为技术分析方法。（4）风险的经济学，把风险分析看作成本－收益分析的一种，是一种风险－收益分析，分析物质危害或不合意后果带来的满意度或不满意度。（5）风险的心理学，研究的是个人对风险的感知与对风险性质的主观判断之间的关系。（6）风险的社会理论，社会学研究包含多种类型，但社会学理论强调风险政策和公平之间的关系。（7）风险的文化理论，认为文化方式建构了个人和社会组织的思想倾向，使他们接受某些价值，拒绝另一些价值，正是这些价值决定了风险的感知和收益。奥特温·伦内对这些方法所选择的操作定义、方法论、风险测量、风险手段和社会功能等内容进行了归纳和对比（见图 2-1）。

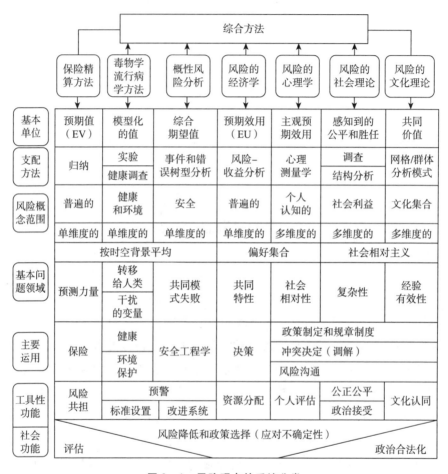

图 2-1　风险观点的系统分类

资料来源：伦内（2005：63）。

此外，世界银行的 Holzmann 和 Jorgensen（1999，2000）则从社会保障的角度探讨社会风险管理问题。

在互联网、数字化飞速发展的今天，风险也在快速增加，另外，风险研究也因数字化的发展有了新的特点，如对大数据和风险的研究。

二 风险研究的范式

虽然风险研究因不同的学科参与而有不同的研究视角和研究策略，但风险研究背后的方法论却并没有那么复杂，而是相对集中的，一些学者把这些研究方法归入不同的研究范式。谢尔顿·克里姆斯基（2005：16）把风险研究分为"个体主义"和"背景主义"两种取向，前者以风险认知理论和预期效用理论为代表，认为风险行为是由个体的知识、经验和人格等因素决定的；后者则突出风险行为中环境因素的影响，如社会结构、制度、文化背景等，这种理论的代表是风险的文化理论。这两种取向过分割裂了个体或社会在风险分析和应对中的作用，忽略了风险分析中个体与社会之间的关系。

风险社会理论认为社会已经从传统的工业社会发展到了"风险社会"，而风险文化理论则不承认风险增加的说法，认为只是人们感知到的风险增加了，人们感知到的风险其实是一种人为的"建构"。过分强调风险的建构特点会使人们认为风险本不存在、对风险的反思和防范是杞人忧天、庸人自扰；过分强调风险的实在性，又会使人们为小概率事件而过度焦虑，因此，单纯的实在论和建构论都不是客观的看待风险的态度。

奥特温·伦内（2005：76~81）以"个体主义的"与"结构的"、"建构主义的"和"客观的"这两对概念为坐标轴，区分了不同的风险研究类型，如文化理论、理性行动者等（见图2-2）。本研究的方法论如坐标轴上的示意，将采取个体与社会相结合的视角，同时考察风险的实在和建构特性，探索风险管理的理论和实践。

张海波（2007）在"社会风险-公共危机"和"现实主义-建构主义"两个维度上将风险研究分为四种范式，分别是"现实主义-社会风险"范式、"建构主义-社会风险"范式、"建构主义-公共危机"范式和"现实主义-公共危机"范式，不同范式对应不同的理论（见图2-3）。

从风险研究的范式分类可以看出，不同学科、视角的风险研究都从各自擅长的角度提出风险问题并提出分析方法和应对措施，但任何一种研究范式都不可避免地有其局限性，很难对公共风险的复杂性提出系统的分析思路和解决路径，而多范式的结合将是公共风险研究的未来走向。

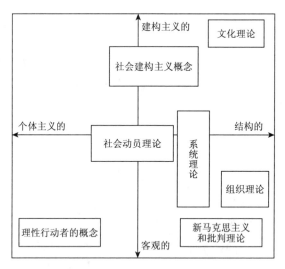

图 2 - 2 风险的主要社会学观点

资料来源：伦内（2005：76~81）。

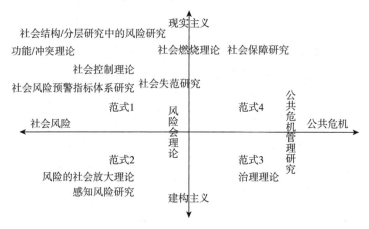

图 2 - 3 风险研究的范式

资料来源：张海波（2007）。

三 本研究的方法和架构

本研究分为三部分。第一部分是对公共风险规避和应对的理论探讨，主要涉及两个方面的内容，一是关于公共风险研究的理论梳理和分析，包括风险社会、风险认知、风险文化和风险管理等；二是关于个体与社会的理论，主要涉及个体化理论。这部分的重点就是分析风险社会化、世界化和社会个体化的大趋势下公共风险防范和应对的深刻矛盾和困境，分析如何从个体和社会关系的角度理解和动员个体与社会力量来防范和应对风险。第二部分是公共风险的实证研究，主要是对不同类型公共风险的实证研究，重点是公共风险的社会认知及其影响因素，包括对于不同风险源的态度、风险的信念和应对策略。这部分实证研究涉及一些典型的公共风险类型，包括交通风险、环境污染风险、食品风险等人们日常生活中必须面对的风险，也包括一些广受社会关注的公共风险事件，以及对引发过公共风险事件的风险类型的定量研究和定性分析。第三部分是公共风险的实践部分，是根据风险研究和个体与社会的理论，以及个体和社会对于风险的认知与态度，探讨风险管理、风险防范、风险规避和风险应对的策略以及一些国内外比较有效的实践探索的研究。

　　本研究采取的研究方法是跨学科的，主要是采取社会学和心理学相结合的研究方法，既关注公共风险的社会学、心理学理论，也注重实证的问卷调查、心理测量和案例分析。既注重学术的研究，也着力于研究的现实意义和应用价值。研究中努力做到理论和实践的结合、定性和定量研究方法的结合。

　　采取心理学和社会学交叉的研究方法是由本研究关注的视角决定的。本研究关注个人与社会关系下的风险问题，而个人视角是心理学常用的视角，社会视角则是社会学常用的视角，只有采取心理学和社会学相结合的研究策略才能对个人与社会关系中的风险问题有更深入的认识。

　　图2-4为本研究的框架设计。对于风险规避和应对来说，主要涉及几个方面，一是风险，由于不断增加的风险类型、不断出现的风险特点，对于风险源必须要有新的认识，要根据风险源的不同特点进行分类，这是第四章风险类型的内容。本研究的核心内容是风险认知，因为风险认知决定了人们采取何种风险行为，而风险认知又是非常复杂的，受到来自个体因素的影响，个体当时的情感状态、人格类型，对于风险的态度、信念和价值观，风险知识和风险经验等都对风险的认知有影响。风险认知也受到社会因素的影响，社会结构、社会制度和文化背景都会影响风险认知。对个体和社会来说，风险认知又存在一定的认知策略，而且认

知的策略有很多，也很复杂。本研究关注的是个体与社会两个视角下的
风险认知，并把个体与社会的风险认知细分为个体、群体和社会的风险
认知。风险源可以分为很多类型，但都可以按照个体与社会的角度分为
个体、群体和社会所要承担的风险，这样的划分能使我们更容易看到个
体、群体和社会如何应对风险，这样的划分使我们研究的风险行为的主
体既包括了个体，也包括了群体和社会。本研究在认知策略上把风险规
避和应对看作一种理性行为，更具体地说，是权衡所付出的成本和获得
的收益后的行为。个体、群体和社会的风险行为都会受到个体因素和社
会因素的影响，是这种影响下的理性行为，并非单纯的利弊权衡。在一
定的风险情境和风险文化下，面对不同的风险，个体、群体或社会会采
取不同的风险行为或行动。风险行为包括对风险的漠视甚至人为创造风
险，也包括风险的被动规避和主动应对与防范。

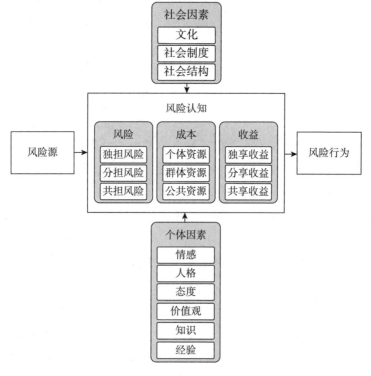

图 2-4　本书研究框架

第三章

风险社会与个体化

一 个体与社会的关系：个体化

和其他主题的社会学研究一样，风险社会或世界风险社会中一个至关重要的问题就是个人与社会的关系，必须从个体和社会关系的视角去审视风险社会的问题。其实，这也是风险社会理论提出之初就已经被强调的问题。贝克（2004）在风险社会的论述中就已经提出同样重要的个体化议题。个体化议题正是对个体和社会关系的描述，正如阎云翔（2011：3~4）所言，"个体与社会的关系在将近一个世纪以前涂尔干和韦伯的古典理论中就已具有核心地位，在当代的社会理论里依旧如此。不过，当代的个体化命题的新颖之处在于它致力于处理的是以下两者之间的紧张关系；一方面是个体日益增长的需求、施加于个体的选择和自由，另一方面是这些个体对社会制度复杂而无可避免的依赖"。鲍曼（2011：21）认为埃里亚斯在其《个体社会》中就已经将个体与社会关系从过去的支配关系转化为交互作用关系，"社会形塑了其成员的个体性；个体则在他们通过交往编织成的相互依存之网中，采取合理、可行的策略，用他们的生活行动造就了社会"。在鲍曼（2011：21）看来，"'个体化'在于，把人的'身份'从'既定的东西'转变成一项'责任'。换句话说，'个体化'在于确立合法的自主性（尽管这种自主性在实际中并不一定能够获得）"。

贝克夫妇（2011：7）把个体化进程概括为四个基本特征："（1）去传统化；（2）个体的制度化抽离和再嵌入；（3）被迫追寻'为自己而活'，缺乏真正的个性；（4）系统风险的生平内在化（biographical internalization）。"阎云翔（2011：4～5）进一步归纳了鲍曼、吉登斯和贝克夫妇的个体化命题在解释当代生活方面的四个特点："第一是社会分化和个体从社会性中脱嵌。个人逐渐从外部社会的种种制约中解脱，其中包括一般意义上的文化传统和那些界定个体身份的社会范畴，如家庭、亲属关系、社群和阶级等。社会本身也因此而进一步分化和多元。然而，这并不意味着传统和社会团体不再发挥作用；相反，如果它们成为服务个体的资源，它们仍会是重要的。第二个特点是鲍曼指出的一个悖论现象，即'强迫和强制的自主性'：现代社会结构迫使人们成为积极、自主的个体，必须对面临的问题承担全部责任并发展出一个自反性的自我。这是通过一套诸如教育体系、劳动市场和国家规定等新的社会制度完成的。由于寻求传统、家庭或社群的保护这一选项已被去除，现在社会制度对个体的影响实际上是增强了。第三个特点是'通过从众来实现个人自己的生活'，即对选择、自由和个性的推崇并非必然会让每个人独一无二。由于对社会制度的依赖决定了当代人不能自由地追寻并构建一个独特的自我；相反，当代的个体必须通过准则和法规建构自己的人生，因此他们最终以貌似个性化但实际上却是从众的生活谢幕。最后，个体化进程有赖于贝克所称的'文化民主化'，即民主是日常生活和社会关系中被广泛接受和实践的一项原则。在贝克看来，由于民主文化的内在化，文化和民主化比政治和社会民主走得更远：'我们生活在内在化民主的先决条件之下：崇信平等关系和对话而非暴力或威权强迫，以此作为达成协议的基本要素。'"

贝克的个体化理论是其自反性现代性理论的一个组成部分，他的自反性现代性理论不同于以往现代性理论的一个突出之处是不同意社会趋同的预期，他并不认为西方的现代性模式将会成为世界性模式，他认为在不同社会环境下会出现不同种类的个体化形式（贝克、贝克－格恩斯海姆，2011：4～6）。在第一现代性中，现代性是结构性的，社会被看作线性系统。所谓线性系统就是类似于一种函数关系，存在明确的影响和被影响关系。个体化过程可以通过个体的反思性调节而改变。"线性系统中有一些单个的平衡点，只有外部力量才能打破这种平衡，导致系统变迁的。"（拉什，2011：15）而第二现代性是流动的，社会是非线性的，"不平衡与变迁是通过反馈环路内在作用于系统的。这些系统是开放的"，第二现代性的个体是自反性的，自反作用是不确定和紧迫的，非线性个体因为没有时间和空间反思而被迫生活在风险环境中（拉什，2011：15～16）。

贝克夫妇（贝克、贝克－格恩斯海姆，2011：6；2011b：2～4）在多个文献中对于现代性和个体化进程的种类进行了分类，从个体化类型的三个方面对现代性分为四种理想类型。他们认为，"我们可以将这一理论相应地分解成三大复杂论点：强迫个体化法则，（世界）风险社会法则以及多维全球化（世界化）法则。这三种法则发展出同样的论证，因此彼此相互加强"。"个体化类型表现在三个方面。经济生产和再生产（资本主义）、政治权力的性质以及社会结构的整合（个体化、世界化和宗教）。在此基础上就有可能为现代性的四种历史格局提出理想型定义。第一类为欧洲式现代性、管制资本主义和协调资本主义；成熟的民主政治；制度化的个体化过程（福利国家）；后习俗的社会。第二类为美国式现代性、自由资本主义或无协调的资本主义；成熟的民主政治；制度化的个体化过程；后习俗的宗教……"贝克夫妇（贝克、贝克－格恩斯海姆，2011：30～31）认为社会学的主要理论家，包括马克思、韦伯、涂尔干、齐美尔、帕森斯、福柯、埃里亚斯、卢曼、哈贝马斯和吉登斯等人虽然对个体化的描述不同，或者悲观，或者乐观，认为个体化对社会有益或有害，但却有着共同的观点："个体化（1）是高度分化社会的结构特征，（2）不仅不会危及社会的整合，反而是整合得以可能的条件。个体化释放出的个体创造力，被认为是社会在急剧变迁状况下进行革新的创造空间。"他们从制度化的个体主义出发把个体化定义为"不再重新嵌入的抽离"（贝克、贝克－格恩斯海姆，2011：31）。而个体化正在变成第二现代性的社会自身的社会结构。随之而来的一个问题就是，"在全球风险社会中，抽离的个体与全球问题之间有一个制度化的失衡。西方的个体化社会要求我们在个体生命中解决系统矛盾"（贝克、贝克－格恩斯海姆，2011a：31）。

二 风险社会与个体化社会

德国著名社会学家贝克因《风险社会》而享誉世界，引发了世界范围对风险社会研究经久不衰的热潮。但贝克的风险社会是其现代性理论的一部分，他把以风险社会为特点的现代性称为自反性现代性，也称第二现代性，以区别于传统社会和与其相对的现代性。他的现代性理论包含三个组成部分，分别是强制个体化命题（enforced individualization）、（世界）风险社会命题和多维全球化（普世化）命题（贝克、贝克–格恩斯海姆，2011：5）。在贝克的理论中，他用个体化、风险社会和全球化来分析不同层面社会转型的特点，而这些不同层面的社会变迁是统一的，是一个整体的不同面向，这个理论认为社会正在发生着个体化的转变，在这个个体化的进程中，我们要面对风险社会的新的挑战，个体越来越成为风险的应对主体。风险社会中风险取代工业社会的阶级斗争成为社会的重要特质，工业社会中人的社会地位在第二现代性中被社会风险地位所取代，分配的不平等变成了风险的不平等，而同时，随着时间的推移，在以生态环境破坏和核污染为代表的风险社会下，所有人都不可避免地生活在风险中，风险社会是世界风险社会，风险社会与全球化是紧密相连的（贝克，2004）。

在以往的风险研究中，人们更多关注贝克的风险社会理论，而忽视了其个体化理论。正如拉什（2011：13）所言，"在英美社会学界，风险理论产生了巨大影响，但个体化主题实际上却被忽略了"。贝克因此专门写作了《个体化》，以引起学术界对个体化的重视，"1980 年代中期以来，德语区则从另一条进路，通过个体化这个关键词，批判了社会学科的概念基础，尽管其经验和理论视域还没有被英语国家充分了解。比如对《风险社会》一书的讨论，主要侧重有关风险的论述（第一部分），极少或根本就不关心有关个体化的论述（第二部分）。本书是弥合这道裂缝所作（做）的一次尝试"。对个体化进程的忽视使风险社会的研究存在对风险环境理解的片面性和简化的倾向。个体化进程下个体会发生怎样的变化？个体是否会更加以自我为中心，如是风险规避和应对的社会动员将更加困难，在应对个人风险和公共风险时也将会出现不同的社会反应。

正视个体化进程中的风险社会管理是目前风险社会研究的难点和核心。

依照个体化理论,反思性现代化消解了工业社会的性别、家庭角色,以及阶级文化和意识,个体化意味着生活方式和形式的变化和分化,这种变化不同于过去大群体社会的阶级、等级和社会阶层,个体自身成为生活世界中的社会性再生产单位。这并不是说个体具有了更高的自我创造能力,而是因为教育体系、劳动力市场的发达,使个体可以获得制度性的和标准化的生活方式,对阶级的依附削弱了(贝克,2004:105~113)。这个过程也使"人们丧失了他们传统的支持网络,不得不依赖于自身和他们自己的个体(劳动市场)命运,即那些风险、机会和矛盾"(贝克,2004:112)。

被称为"不再重新嵌入的抽离"的个体化并非意味着社会个体将面对所有矛盾和冲突,用贝克的话说风险社会并不会因为个体化而缺乏政治反抗力量(贝克,2004:121)。"恰恰是矛盾的爆发和对其不断增长的意识会导致一种新的社会文化共同性。可能出现的是,社会运动和公民组织与现代化风险和风险境况相联系而形成。可能在个体化过程中,期望会作为(在物质的、时间的和空间的形式中,在构造社会关系中)'自己的生活'的要求而被唤起,然而这时面临社会政治阻碍的期望。以这种方式,新的社会运动一再出现。一方面,这些运动对增长的风险和增长的风险意识、风险冲突做出反应;另一方面,他们在替代选择和青年亚文化的无数变体中以社会关系、个人生活和个人自身的身体进行实验。共同体首先产生于对私人'个人生活'的行政和工业干预所激起的反抗的形式和经验,并且在反抗这些侵犯的时候发展出他们自己的攻击性姿势。在这个意义上,一方面,新的社会运动(生态学、和平、女权主义)是风险社会中的新的风险状况的表现。另一方面,它们来自在解传统文化中对社会和个人的认同与责任的寻求。"(贝克,2004:109~110)可以看到,从个体化的"脱嵌"到共同体的形成,这个过程中对阶级的认同消失了,代之以针对一定议题和冲突的联盟。贝克认为,"社会风险的个体化形式被重新界定了"(贝克,2004:123),社会问题取决于个体的感知,风险问题就成了不安全感的表现,社会危机就成为个人危机,以焦虑反映出来,风险和风险冲突的个人感知就成为值得研究的课题。

三　中国社会的个体化

人类学家阎云翔（2011：1~2）多年持续研究北方农村和中国城市社会在改革开放以来的变化，他认为伴随着改革开放的推进、逐渐去集体化，中国社会中个体不断崛起，正经历着个体化的过程。他认为中国社会从来没有停止变化，新近发生的在许多方面的激进变动从本质上改变了中国社会的结构，其中，个体的崛起就是转型中变革的一个重要方面。他从中国改革开放的历程来分析中国社会个体的崛起过程，"这种转型在20世纪90年代末最终明确成形，其标志包括公共权力对家庭的影响力相对减弱，个人对其生活具有更大的控制力，伴侣式的婚姻和夫妻关系居于核心地位，以及对个人幸福和情感关系的强调。这一转型的本质正在于个体的崛起，而不是家庭规模或家庭结构，尽管后者也发生了重大改变。个体的崛起在很大程度上改变了社会关系的结构，导致了中国社会的个体化。我的调查结果也显示，由于国家对社会自组织和自制社会的敌意，日渐崛起的个体已显示出强调权利而忽视义务和他人权利的趋势，具有成为我称之为'无公德个人'的风险。日渐崛起的个体大多受限于私人生活领域，而自我主义则盛行于无公德的个人间的交往中"（阎云翔，2011：21~36）。

阎云翔（2011）通过持续的观察和研究发现，这种个体化过程反映在青年人价值观念的转变上，就从过去的集体价值观向个体价值观转变。他指出中国个体崛起有三个主题："首先，个体的崛起，作为上个世纪之交具有改良思想的中国精英的革命呼唤，已经成为21世纪之初普通人日常生活的社会现实；而这一变化反过来又促进了中国社会的转变。其次，这一转变的核心是崛起的个体与包括国家在内的多种形式的集体之间正在进行的协商和抗争。家庭，作为历史上个人和国家之间的重要中介，在促进个人身份认同的形式上比社会更具影响力。第三，到目前为止，个体仍然被国家和社会（绝大多数个体也完全同意）视作达到一个更远大目标的手段，因此无法获得完全自决自主的地位。个人主义在西方社会是个体化的核心价值和自由市场经济的根本原则，但在崛起的中国个体中却仍然有待发展。与此同时，也有一个相反的趋势，即出现了想要依靠集体保护并努力抵抗个体化变革的个体。"（阎云翔，2011：15）他认为个体的身份是由个体与集体的关系界定的，而个体与国家间的关系是变动中的社会关系结构的轴心，社会力量还没有强大到成为崛起的个体重新嵌入的新空间（阎云翔，2011：32）。

受贝克的个体化、风险社会理论观点的影响，阎云翔（2011，36）也讨论了个体化趋势和全球风险社会背景下中国社会的转型问题，他指出，"中国的个体同时也生活在一个后现代的环境中……灵活的雇佣机制，日渐增加的个人风险和孤独感，亲密关系和自我表达的文化，以及个性及自立的强调。换句话说，前现代、现代和后现代的境况同时并存于当代的中国社会，崛起的个体中国人必须同时面对它们"。

一定意义上，全球风险社会意味着风险的社会化、扩大化，这种社会个体化与风险社会化的矛盾就成为今天人类社会必须面对的困境，如何应对社会化、普遍化的风险，如何使个体承担更多的社会责任，成为风险管理中的难题。联系到"财富分配"和"风险分配"重叠的社会现实，个体利益和社会利益之间的冲突如何调节？财富、利益的公平和风险公平如何在社会管理中体现？在面对风险社会时，个体、群体、社会、世界之间的关系决定了未来风险管理必须考虑这些复杂的关系，必须面对风险带来的这些关系中的风险。从这个角度去细致考察风险的话，需要关注如下几个层面：风险的个体层面、风险的人际层面、风险的群体层面、风险的群际层面、风险的社会层面和风险的世界层面。

第四章

风险类型

一　风险源

风险源的种类很多。对风险进行分类成为不同风险理论的重要内容。贝克（2004：26）认为，风险社会的风险与阶级社会的风险的一个巨大差别就是风险社会的风险超出了人们的感知能力，因此他把风险分为感知的风险和不被感知的风险。这里，感知的风险是指依靠人类个体生理感官获得的风险信息，不被感知的风险是指要借助专门的科技手段、科学的方法才可以获得的风险信息。

吉登斯（2001：22～23）用了不同的概念来区分风险。他把风险分为外部风险（external risk）和被制造出来的风险（manufactured risk），前者指来自外部的、由传统或者自然的不变性和固定性带来的风险，后者指由不断发展的知识对这个世界的影响产生的风险，是在我们没有多少历史经验的情况下产生的风险。吉登斯（2001：23）认为，"在传统文化中、在工业社会中以及直到今天，人类担心的都是来自外部的风险，如糟糕的收成、洪灾、瘟疫或者饥荒等。然而，在某个时刻（从历史的角度来说，就是最近），我们开始很少担心自然能对我们怎么样，而更多地担心我们对自然所做的。这标志着外部风险所占的主导地位转变成了被制造出来的风险占主要地位"。

奥尔特温·雷恩、伯内德·罗尔曼（2007：10～12）认为，风险感知的研究分为三个维度：危险（风险源）、对风险的判断和受访者特征。对于风险感知的第一个维度——风险源，雷恩和罗尔曼（2007：11）从风险源的主题、个人受风险影响的类型和风险的后果三个方面来进行分类，见图4－1。

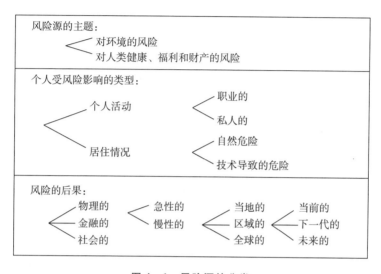

图4－1　风险源的分类

资料来源：雷恩、罗尔曼（2007：11）。

国际风险管理理事会（IRGC）从风险信息的复杂性角度，根据对信息掌握的程度把风险区分为简单风险、复杂风险、不确定风险、模糊风险。中华人民共和国国务院发布的《国家突发公共事件总体应急预案》，根据国内风险事件的发生过程、性质，把突发公共风险事件分为自然灾害、事故灾难、公共卫生事件、社会安全事件。国家安全生产委员会颁布了行业安全生产标准，把风险分为6类：物理性危险和有害因素、化学性危险和有害因素、生物性危险和有害因素、心理生理性危险和有害因素、行为性危险和有害因素、其他危险和有害因素（李宁、张鹏、胡爱军等，2009）。

尹建军（2008：13）对国内社会科学领域中风险研究的风险种类进行了分析，发现风险源基本被分为以下几种：（1）按风险分布的领域划分为政治风险、经济风险、军事风险、文化风险、道德风险等；（2）按风险来源划分为外部风险（自然具有的风险）和人为风险（制度、政策、技术引发的风险）；（3）按照风险的历史形态划分为前现代灾难、工业时代的风险、晚工业时代不可计算的不安全；（4）按学科划分为哲学、社会学意义上的风险和经济学、管理学意义上的风险。

在本研究中，笔者首先收集了人们日常生活中常见的、有代表性的风险源，经过归类和筛选，最后选取了如下 69 个风险源，再将这些风险源分为两大类七种（见图 4 - 2）。

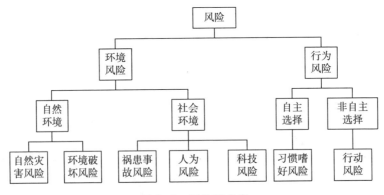

图 4 - 2　风险源分类

（1）自然灾害风险。这种风险主要是天灾、极端气象条件等风险，包括：雷电电击、山体滑坡、地震、水灾、台风。

（2）环境破坏风险。环境被破坏产生的风险，包括：臭氧层破坏、江河湖海污染、空气污染。

（3）祸患事故风险。这种风险属于人为的意外灾难，包括：火灾、毒气泄漏、核泄漏、交通事故、井下事故、燃气爆炸、癌症、艾滋病、传染病流行、野狗咬伤。

（4）人为风险。这种风险是由某些人为了一定目的而制造出来的，包括：罪犯伤害、恐怖袭击、骚乱、社会动荡、生活和工作压力、经济危机、股市下跌、战争、核武器、网络黑客攻击、不卫生食品、枪击、炸弹。

（5）科技风险。这种风险属于科技的副产品，包括：（电器）电击、X 射线、甲醛、爆竹、抗生素、化肥、杀虫剂、食品防腐剂、注射疫苗、炸药、转基因食品、高压电线、汽车尾气、蔬菜残留农药、手机辐射、接受输血、接受手术、摄像头、服西药、服中药、垃圾处理场。

（6）习惯嗜好风险。一些因日常生活习惯和嗜好带来的风险，包括：

赌博、蹦极、登山、坐游乐场过山车、游泳、吸毒、吸烟。

（7）行动风险。在生产生活中因交通、运动带来的风险，包括：乘飞机、乘火车、驾驶汽车、开船出海、骑自行车、高空作业、步行过马路、乘汽车、乘电梯。

有研究者强调社会风险，甚至把所有风险都纳入社会风险中。有研究者讨论了社会风险，认为社会风险是指自然灾害、经济因素、技术因素以及社会因素引发社会失序、社会动荡或社会危机的可能性。从广义的社会角度来理解风险，社会是包括政治、经济、文化等子系统的复杂系统，那么，社会风险就是个人风险以外的风险；从狭义的社会角度来理解风险，则社会风险是指与政治风险、经济风险、文化风险、金融风险等并列的一种风险（程玲、向德平，2007）。本研究的风险分类是根据风险的承担者和受威胁者来区分，个体的风险是由某些个体独自承担的风险，群体风险则是由某个群体或组织成员分担的风险；由社会大众承担的风险被称为公共风险，与自然灾害、环境威胁、科技风险相区别的风险被称为人为风险。

二　风险特征

风险种类不同，其特征也不同。依据其特征，以及研究的原则和标准，从不同的角度分析，可以得到不同的风险分类，或复杂的分类框架。

风险感知的第二个维度是对风险的判断，奥尔特温·雷恩、伯内德·罗尔曼（2007：10～12）提出了判断风险的几个变量：风险水平、危险的定性特征、风险与收益、个人与危险的关系和风险的可接受性，这些变量比较全面地描述了风险特征（如表4-1所示）。

表4-1　风险的相关变量——被访者对风险的判断

风险水平
＞风险的大小；整体风险评价
＞估计的年度死亡人数
＞（个人）遭受不幸事件的概率；预期寿命的损失
＞健康受损害的风险

> 事件或灾难能否避免
> 灾难潜能；某一种灾难的死亡人数

危险的定性特征

> 可怕程度；恐惧联想；惊骇
> 熟悉/不熟悉；是否了解自己受影响；危险是否可以想象
> （结果和后果）是可观察的/不可观察的
> 可控制的/不可控制的
> 科学上是已知的/未知的
> 后果是马上发生的/延迟的
> 对未来世代的影响

风险与收益

> 风险源为个人提供的收益
> 风险活动是否吸引人
> 社会收益，对满足人类需求的贡献
> 与人类需求的相关性
> 风险与收益的均衡性

个人与危险的关系

> 受影响是自愿的/非自愿的；个人对选择的影响
> 关注程度；忧虑
> 个人受到影响的程度
> （个人）参与降低风险的活动；采取的行动
> 与危险设施的合意距离

风险的可接受性

> 在多大程度上情愿（为减少风险）付费
> 规制的合意水平
> 风险接受：个人的视角
> 某一风险的社会可接受性

资料来源：雷恩、罗尔曼（2007：12）。

表4-1中为研究者（李宁、张鹏、胡爱军等，2009）根据风险特征进行分类的一些指标，风险属性被分为诱因、发生频率、影响范围、后果、持续时间和风险感知，之后，在参考了中外研究者对风险的研究和发生的风险事件后，筛选出了41种不同的风险，根据表4-2的指标对各种风险进行评价，得到风险判断矩阵（见表4-3）。最后，把风险判断矩阵进行二维绘图和聚类分析，分别得到图4-3和表4-4。

表 4－2 风险属性判断

风险属性	属性说明	判断
诱因	自然现象	0
	人类活动	1
发生频率	概率小	0
	概率大	1
影响范围	小尺度	0
	大尺度	1
后果	不严重，可以恢复，可逆	0
	严重，难以恢复，不可逆	1
持续时间	短期	0
	长期	1
风险感知	简单风险	0
	复杂风险	1

资料来源：李宁、张鹏、胡爱军等（2009）。

表 4－3 风险判断矩阵

排序	风险种类	诱因	发生频率	影响范围	后果	持续时间	风险感知
1	核战争	1	0	1	1	1	1
2	电磁辐射	1	1	1	0	0	1
3	生化武器	1	0	1	1	1	1
4	经济危机	1	0	1	1	0	0
5	火灾	1	1	0	1	0	0
6	噪声	1	1	0	0	0	0
7	工业三废	1	1	0	1	0	0
8	机器故障	1	0	0	0	0	0
9	房屋倒塌	1	0	0	0	0	0
10	电击	1	1	0	0	0	0
11	非典	0	0	1	1	0	1
12	肺结核病	0	1	1	1	1	0
13	禽流感	0	1	1	1	1	1
14	农林病虫害	0	1	0	1	1	0
15	转基因食品	1	0	1	0	1	1
16	纳米技术	1	0	1	0	1	1

排序	风险种类	诱因	发生频率	影响范围	后果	持续时间	风险感知
17	地震	0	0	1	1	0	0
18	地质灾害	0	1	0	1	0	0
19	暴雨洪水	0	1	1	1	0	0
20	干旱	0	1	1	1	1	0
21	台风	0	1	1	1	0	0
22	雷电	0	1	1	1	0	0
23	森林火灾	0	1	1	1	0	0
24	沙尘暴	0	1	1	1	0	0
25	雪灾	0	1	0	1	0	0
26	政治经济改革	1	1	1	1	0	1
27	资源匮乏	1	1	1	1	1	0
28	粮食危机	1	0	1	1	1	0
29	能源短缺	1	1	1	1	1	0
30	决策失误	1	0	0	1	0	1
31	物价上涨	1	0	1	1	0	0
32	社会骚乱	1	0	1	1	0	1
33	战争	1	0	1	1	0	1
34	股市剧烈波动	1	1	1	1	0	1
35	市场波动	1	0	1	1	0	1
36	生态破坏	1	1	1	1	1	1
37	操作失误	1	0	0	0	0	0
38	暴力犯罪	1	0	0	1	0	1
39	伪劣产品	1	1	1	1	0	0
40	核辐射	1	0	1	1	1	1
41	全球变暖	1	1	1	1	1	1

资料来源：李宁、张鹏、胡爱军等（2009）。

通过聚类分析，该研究把41种风险分为8类，分别是：生态过程 c_1，技术 c_2，经济管理 b_2，社会类 b_1，事故类 E，自然人为耦合类 D，自然类 a_2，物理化学类 a_1。将这8类进一步合并为5类：新风险类 C，社会安全类 B，事故类 E，自然人为耦合类 D，物理化学自然类 A（见表4-4）。

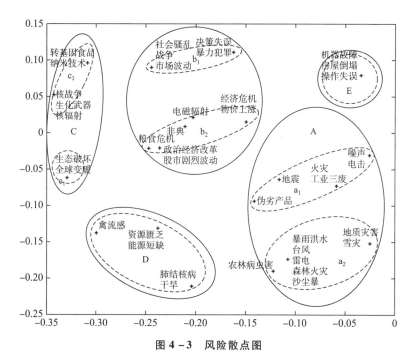

图 4 - 3 风险散点图

资料来源：李宁、张鹏、胡爱军等（2009）。

表 4 - 4 风险分类

类别	$\lambda = 11$	$\lambda = 14$	$\lambda = 20$
1	生态过程 c_1：生态破坏、全球变暖	新风险类 C ($C = c_1 + c_2$)	人为 B + C
2	技术 c_2：转基因食品、纳米技术；核战争、生化武器、核辐射		
3	经济管理 b_2：粮食危机；非典；电磁辐射；经济危机、物价上涨；政治经济改革、股市剧烈波动	社会安全类 B ($B = b_1 + b_2$)	
4	社会类 b_1：社会骚乱、战争、市场波动；决策失误、暴力犯罪		
5	事故类 E：机器故障、房屋倒塌、操作失误	事故类 E	事故 E
6	自然人为耦合类 D：禽流感；资源匮乏、能源短缺；肺结核病、干旱	自然人为耦合类 D	自然 A + D
7	自然类 a_2：农林病虫害；暴雨洪水、台风、雷电、森林火灾、沙尘暴；地质灾害、雪灾	物理化学自然类 A ($A = a_1 + a_2$)	
8	物理化学类 a_1：伪劣产品；地震；火灾、工业三废、噪声、电击		

资料来源：李宁、张鹏、胡爱军等（2009）。

在这些小的风险类别之上，根据共同特征可以进一步合并为人为、事故、自然三个大的类别。

对于风险研究来说，类型的划分是非常重要的，对于深入研究各种风险具有重要意义，因为虽然风险种类繁多，很难穷尽，但可以根据风险的特点将其分为不同类型来分析，进而加以防范和应对。

第五章

公共风险的个体性与社会性

一 从"公地悲剧"到"公险悲剧"

生物学家哈丁（Garrett Hardin）1968 年在 *Science* 上发表了一篇论文——《公地悲剧》（"The tragedy of the commons"），提出了"公地悲剧"理论模型。这里，公地是一块对所有人都开放的草地，在这块公地上，每个牧民都尽可能多地放牧他的牛。如果有部落争斗、偷猎和疾病等情况发生，将可能使人口、牲畜的数量低于草地的承载力，这样这块公地就可以任由大家自由放牧，一直持续。但当人们学会了理性计算后，"公共悲剧"就会发生。作为理性人，每个牧民都希望自己的收益最大化，结果就是牧群总量大幅增加，随之而来的负面影响就是出现了过度放牧，而过度放牧的后果是由所有的牧民承担的。在权衡所有的影响后，理性的牧民会认为，对他个人来说，正确的做法就是不断地扩大自己的牧群。因为所有的牧民都是理性的，都有同样的想法，因此，所有的理性共同促成了悲剧。每个人都陷入无限制地增加牲畜数量中，而所处地区的资源是有限的。在一个信奉公地自由的社会里，个体追逐个人利益最大化的行为最终会使整个社会走向毁灭，公地自由会毁掉一切。这些理性的人拒绝承认为了自己的利益甚至可以牺牲整个社会的利益（Hardin，1968）。"公地悲剧"之所以是悲剧，是因为每个当事人都知道资源将由于过度消耗而枯竭，但每个人对阻止事态的继续恶化都感到无能为力，大家都抱着及时捞一把的心态，使得事态不断恶化。

如果说"公地悲剧"揭示了个人利益与公共利益之间不可调和的矛盾，是一个财富分配的问题的话，那么，在风险社会中的另外一种悲剧就是"公险悲剧"，是一个风险分配的问题。其实，哈丁的文章中已经涉及"公险"的问题，他所讲的是对公地的污染。而"公地悲剧"在污染问题上是以一种相反的方式出现的，这次不再是拿走公地的东西，而是把东西放在公地上，诸如把下水道污物、化学物质、放射性污染物和高温废弃物等物质排放到水中，把有毒气体排放到大气中，以及让炫目的广告进入人们的视野。这里，效用的计算方法与前面一样，理性的人会发现他向公地排放垃圾所承担的成本要小于对垃圾做净化处理后排放的成本。同样，这在每个人看来都是正确的，就又使我们陷入了困境（Hardin，1968）。

被哈丁归为"公地悲剧"的风险只是其中一种形式，理性行为造成的结果分别是对公共资源的争夺和对公共资源的破坏。而更多形式的"公险悲剧"则是个体对于分担风险、公共风险应对责任的逃避。在哈丁的例子里我们可以看到风险的致因，能够看到责任者，但现实中许多风险却很难找到责任人，是一种社会、人类共致的风险。我们身处一个风险社会，我们沉浸在无数的风险中，一些风险是个体的，需要个体独自承担，更多的风险是需要群体和社会分担的。如果说"公地悲剧"的起始是理性人面对一块免费使用的公共草地，"公险悲剧"的起始则是理性人面对一个已经污染了的环境、一个危及大家身体健康甚至生命的环境、一次自然灾害、一场灾难……可以将其比喻为一个需要多人支撑的将要倒塌的屋顶，屋子里共有100个人，但至少需要30个人才可以勉强撑起来而不使其倒塌，因此，屋子里的每个人都有在别人支撑下逃生的机会，但也可能在大家都逃生时集体毙命。这样的"公险悲剧"有点像"囚徒困境"。

"囚徒困境"是1950年由就职于兰德公司的梅里尔·弗勒德（Merrill Flood）和梅尔文·德雷希尔（Melvin Dresher）提出的，后由顾问阿尔伯特·塔克（Albert Tucker）以囚徒方式阐述，并命名为"囚徒困境"。经典的"囚徒困境"如下：警方逮捕甲、乙两名犯罪嫌疑人，但没有足够的证据指控二人犯罪。于是警方将犯罪嫌疑人分开囚禁，分别和二人见面，并向双方提供以下相同的选择：如果一人认罪并作证指控对方（背叛），而对方保持沉默，则此人将获释，沉默者将被判入监10年。如果二人都保持沉默（合作），则二人都将被判入监1年。如果二人互相检举（互相背叛），则二人都被判入监8年（见表5-1）。

表5-1　囚徒困境

	甲沉默	甲背叛
乙沉默	二人同入监1年	乙入监10年，甲获释
乙背叛	甲入监10年，乙获释	二人同入监8年

如果把"囚徒困境"看作一个面对风险的情境，则对风险的防范和应对就是努力要求二人的选择是甲沉默、乙沉默，或者是二人合作，同时行动。但每个人都希望自己背叛，对方沉默，也就是等待别人去应对风险，自己坐享其成，最后的结果往往就是二人互相背叛，也就是都不采取行动，最后就是同入监的结局。

虽然博弈论把"囚徒困境"延伸到多人困境，但是，一般的"公险悲剧"的状况要比"囚徒困境"更复杂。对"囚徒困境"来说，是一个人际变数，公共风险中的变数要多得多。我们已经提到，公共风险的分析需要关注如下几个层面：风险的个体层面、风险的人际层面、风险的群体层面、风险的群际层面、风险的社会层面和风险世界的层面。对公共风险来说，并不简单地是无数个体应对共同的风险问题，个体、由个体构成的群体和组织在应对公共风险的过程中，不同认知、理性和非理性行为、风险应对的策略、社会环境和文化因素共同起作用，运用风险的个体与社会的视角，可以通过细分的个体、群体和组织、社会的关系来深入分析不同风险情境下人们如何认识风险，如何防范和应对风险。

二　风险源的个体性和社会性

风险源是真实存在的，但风险源的存在是依赖个体和社会认知的，因此，对于风险、风险源的认知不可避免地会带有个体或社会的主观性。个体或社会的风险行为则是基于个体与社会的风险认知发生的。前面对风险源做了很多分类，但都可以从个体、群体和组织、社会的角度进行分类，具体可分为个体所要面对和承担的风险、群体和组织所要面对和承担的风险，以及整个社会所要面对和承担的风险，也就是个体风险、群体风险和公共风险。公共风险是社会每个成员都无法逃避的、被迫接受的风险环境，像臭氧层破坏导致的全球气候异常、空气污染、生态环境恶化、战争、核污染和爆炸、江河湖海污染、地震、经济危机、传染病流行、社会动荡等都属于公共风险；个体风险则是由个体独自承担的，如本研究分类中行动风险和习惯嗜好类风险，如赌博、蹦极、登山、游泳、吸毒、吸烟等，还有一些风险可能是个体风险，也可能是群体风险，甚至是属于某个社会的风险，如火灾、毒气泄漏、核泄漏、交通事故、井下事故、罪犯伤害、不卫生食品、地震、水灾、台风等。根据风险发生的可能性、发生范围的大小等，风险的个体与社会分类不同。一些风险对一个局部来说是公共风险，但有可能转化为群体风险，对于可以摆脱、减少或脱离风险环境的人来说，他们承担的风险少或不承担风险；而一些群体风险也可能因为某些人逃避而由个人承担，成为个体风险。

表 5 - 2　风险源的个体和社会属性

	个体	群体	社会
风险	个体风险	群体风险	公共风险
行动	独担	分担	共担

风险属于个体风险、群体风险还是公共风险还取决于个体、群体和社会的认知。如果个体把个体风险认知为群体风险，就可能在心理上减轻自己应对风险的责任，或者降低对风险的防范意识。如果群体把群体风险认知为公共风险，也会减轻自己承担风险的压力，降低风险防范的警惕性，也可能使风险进一步扩大为公共风险。反过来，当群体把一些个体风险认知为群体风险，社会把一些个体风险、群体风险认知为公共风险时，就可能会出现对风险的过度担忧和防范。

三　风险收益

在风险社会，对于社会成员来说，不仅要追求个人利益最大化，也要实现个人风险最小化。一般来说，无论是个体风险、群体风险还是公共风险，风险最小化的实现是要靠个体、群体和社会的风险防范、风险规避和风险应对来实现的。但是，对一些个体、群体或社会来说，也可能是靠他人、其他群体和其他社会的风险防范与应对来实现的。风险防范、风险规避和风险应对都是需要调动资源的，要付出一定的成本，无论是个体、群体还是社会都要权衡风险的危害性、风险的指向性和风险发生的可能性等，权衡风险防范的成本、风险规避和风险应对的成本，以及权衡风险防范、风险应对的收益，然后选择风险最小化的策略，最后付诸行动。

个体风险是个体可能面对的危险和不安全，因此个体风险的防范和应对只有个体能够受益，是独享收益；群体风险则是一群人共同面对危险处境的可能性，风险防范和应对的结果是分享收益；而公共风险则是社会普遍面对危险的可能性，公共风险防范和应对的结果是共享收益。但风险的承担者与风险防范和应对的受益者在很多情况下并不对等，并不一定是风险的承担者来应对风险而得到风险应对的收益。图 5 - 1 为风险的受益者和风险的承担者组合而成的一些可能情形，共包含 9 种基本类型。在这个分类中并不包括那些个体风险只能由个体承担和应对，以及群体风险只能由群体承担和应对的情况。

从图 5 - 1 中可以看出，无论是独担风险、分担风险，还是共担风险，直线 D 代表的是风险的承担者进行风险防范和应对获得独享收益、分享收益和共享收益。共可分为六种情况，这六种情况又可以分为两类：一类是承担的风险大于风险收益，我们称之为类型一；另一类是承担的风险小于风险收益，我们称之为类型二。那么，D 所代表的就是承担的风险等于风险收益，我们称之为类型三。直线 A 代表个体独自承担风险，但受益者却是社会；直线 B 代表个体独自承担风险，受益者是群体；直线 C 代表群体承担了风险，受益者是社会。类型一的这三种情况都属于风险受益者多于风险承担者的情况。直线 E 是社会承担风险，受益者则是某些群体；直线 F 是群体承担风险，受益者是某个个体；直线 G 代表风险承担者是社会，而风险受益者是某个个体。类型二的这三种情况是风险受益者少于风险承担者。因此，除了直线 D 代表的类型三是风险和收益对等的情况，其余两种情况都属于风险分配不公平。

如果基于理性人的假设，人们都会避免类型一，最优的选择是类型

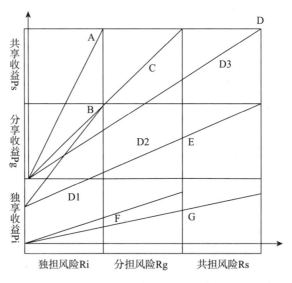

图 5-1 风险的承担者和受益者

二；而公平的选择应该是类型三。具体来看，个体的最优选择是 G，社会承担风险，个体受益（Rs - Pi）；其次是 F，群体承担风险，个人受益（Rg - Pi）。最次的选择是 A，个体独自承担风险，社会受益（Ri - Ps）；其次是 B，个体独自承担风险，群体受益（Ri - Pg）。公平的选择是 D，个体独担风险，个体受益（Ri - Pi）。对于群体来说，最优的选择是 E，社会承担风险，群体受益（Rs - Pg）；其次是 B，个体承担风险，群体受益（Ri - Pg）。最次的选择是 F，群体承担风险，个体受益（Rg - Pi）；其次是 C，群体承担风险，社会受益（Rg - Ps）。公平的选择是 D，群体承担风险，群体受益（Rg - Pg）。对社会来说，如果从公平的角度看，最优的选择是 D，社会承担风险，社会受益（Rs - Ps）；而从效率角度看，最优的选择是 A，个体承担风险，社会受益（Ri - Ps）；其次是 C，群体承担风险，社会受益（Rg - Ps）。效率最低的选择是 G，社会承担风险，个体受益（Rs - Pi）；其次是 E，社会承担风险，群体受益（Rs - Pg）。本研究关注的重点是如何使社会收益最大化，社会风险最小化，也就是如何使个体或群体承担风险，社会受益，而又能够满足公平原则。因此，从风险的公共利益衡量角度，风险收益 P 和风险 R 之比的高低就是公共风险应对的收益，见以下公式：

$$B = P/R$$

P 可能是 Pi、Pg 或 Ps，R 可能是 Ri、Rg 或 Rs，B 的取值就是这些可能取值的组合。

四　风险、资源、收益与风险行为

上面分析了风险承担者和风险受益者组合的 9 种类型，如果考虑到风险防范和应对的资源，则风险行为可以从理论上被分为 27 种类型，这27 种类型是由表 5 - 3 中的风险、收益和资源组合而成的。

表 5 - 3　风险的收益和成本

	个体（i）	群体（g）	社会（s）
风险（R）	独担风险（Ri）	分担风险（Rg）	共担风险（Rs）
资源（C）	个体资源（Ci）	群体资源（Cg）	公共资源（Cs）
收益（P）	独享收益（Pi）	分享收益（Pg）	共享收益（Ps）

表 5 - 3 中，风险、收益类型中的每一种情况都对应着三种风险资源。

A 类型：Ri - Ci - Ps，利用个体资源，个体承担风险，社会受益，可将这种风险行为视为一种个体的利他行为；Ri - Cg - Ps，利用群体资源，个体承担风险，社会受益，这种风险行为一般出于能够调动群体或组织力量的权威者或专业机构的领导，个体承担的是领导责任和问责风险；Ri - Cs - Ps，个体调动公共资源，个体承担风险，社会受益，这种风险行为一般是公共权力执行者、领导调动公共资源的风险应对行为，领导承担的是社会责任和社会舆论压力。

B 类型：Ri - Ci - Pg，利用个体资源，个体承担风险，群体受益，这种风险行为是个体对于群体的忠诚和奉献行为；Ri - Cg - Pg，利用群体资源，个体承担风险，群体受益，这种风险行为是个体在群体或组织中的领导行为；Ri - Cs - Pg，利用公共资源，个体承担风险，群体受益，这是风险行为一般是个体为了群体或组织的利益而动用公共资源，个体要承担社会责任和社会舆论压力。

C 类型：Rg - Ci - Ps，特定个体利用个体资源，群体承担风险，社会受益，这种特例只限于特定身份和条件的个人可以借用某群体或组织的资源，群体要承担失败的责任，成功则社会受益；$Rg-Cg-Ps$，群体利用自有资源，群体承担风险，社会受益，这种风险行为属于群体的社会奉献行为；$Rg-Cs-Ps$，群体利用公共资源，群体承担风险，社会受益，这种风险行为是领导或专业群体的风险行为。

D 类型：这一类型分为三个子类型。D1 类型：$Ri-Ci-Pi$，利用个体资源，个体承担风险，个体受益，这种是典型的个人风险规避行为；$Ri-Cg-Pi$，个体利用群体资源，个体承担风险，个体受益，这种行为是群体或组织中拥有权力或权威者以群体资源为个体谋取私利，或者对特定个人的援助行为；$Ri-Cs-Pi$，利用公共资源，个体承担风险，个体受益，这是社会援助行为。D2 类型：$Rg-Ci-Pg$，利用个体资源，群体承担风险，群体受益，这是一种个体规避和化解群体风险的行为；$Rg-Cg-Pg$，利用群体资源，群体承担风险，群体受益，这是典型的群体或组织的风险行为；$Rg-Cs-Pg$，利用公共资源，群体承担风险，群体受益，这是比较常见的组织化援助行为。D3 类型：$Rs-Ci-Ps$，利用个体资源，社会承担风险，社会受益，这是关键个人在风险化解中的行为；$Rs-Cg-Ps$，利用群体资源，社会承担风险，社会受益，这是专业化群体或特殊群体在风险化解和规避中的行为；$Rs-Cs-Ps$，利用公共资源，社会承担风险，社会受益，这是社会化公共风险防范行为。

E 类型：$Rs-Ci-Pg$，利用个体资源，社会承担风险，群体受益，这是关键个人为了特定群体化解风险的冒险行为；$Rs-Cg-Pg$，利用群体资源，社会承担风险，群体受益，这是特定群体为某一群体或自身规避风险的冒险行为；$Rs-Cs-Pg$，利用公共资源，社会承担风险，群体受益，这是为特定群体谋利的行为。

F 类型：$Rg-Ci-Pi$，利用个体资源，群体承担风险，个体受益，这是个体为自己或特定他人的冒险行为；$Rg-Cg-Pi$，利用群体资源，群体承担风险，个体受益，这是群体为成员或他人的冒险行为；$Rg-Cs-Pi$，利用公共资源，群体承担风险，个体受益，这是为某一个体的冒险行为。

G 类型：$Rs-Ci-Pi$，利用个体资源，社会承担风险，个体受益；$Rs-Cg-Pi$，利用群体资源，社会承担风险，个体受益；$Rs-Cs-Pi$，利用公共资源，社会承担风险，个体受益。这三种类型的行为均属于特殊风险行为，个体为自己或他人利益，使用个体、群体或公共资源，而使得全社会承担风险，属于不同程度的自利行为。

除了考虑风险资源、风险承担和风险收益外，一些情况下，风险包括自致风险、他致风险、共致风险，产生的责任也是一个重要因素。而引发风险的责任又可以分为直接责任、间接责任，在风险社会中还有一些责任很难明确责任主体。

上面讨论的风险资源、风险承担和风险收益中也包含了复杂的道德成分，由于我们讨论个体、群体时并没有区分明确的风险承担方、风险资源的提供方和风险受益方，以及风险防范的情境，因此，可能存在不同的道德类型：或者是利他、自我牺牲等高尚行为，或者是自私、自利、谋私、陷害等不道德行为，这些都要在具体情境下才能分析。

个体、群体或社会的风险防范、风险规避和风险应对行为，取决于个体、群体和全社会对风险的社会认知、社会的风险知识、风险的传播和风险防范技术，也要靠个体的利他行为、群体的组织能力与社会的动员和集体行动能力来实现。正如贝克（2004：7）所言，整个社会对不确定性的关注与日俱增，这导致"风险共同体"（risk community）的出现。风险共同体的成员来自政府、产业界、工会、公众及其代表，从某种意义上说，风险共同体覆盖了所有人群。现在，对风险的评估是一个多维度的、从"不可接受的"到"可接受的"的连续体。在风险社会中，风险的全社会认知是要使社会成员认识到我们不仅是一个风险共同体，还是一个风险规避共同体、风险应对共同体、风险治理共同体。

第二部分

公共风险的实证研究

第六章

风险认知

一 研究方法

本研究采取问卷调查、心理测量和访谈的方法，调查选取北京、南京、重庆和厦门四个城市，调查对象为大学生600人，其他市民600人，得到有效问卷1144份。问卷包括的主要内容有：性别、文化程度、年龄、工作性质、风险经验（是否股民、是否驾驶员、是否吸烟、是否饮酒、是否有住院手术史、犯罪伤害及其他危险经历体验）、地域、主观社会安全感（包括总体社会安全、财产安全、人身安全、交通安全、医疗安全、食品安全、劳动安全和个人信息与隐私安全、环境安全），以及冒险倾向的人格特性测量和五种文化原型的测量。

调查样本具体情况见表6-1，大学生占52.6%，其他市民占47.4%，女性占52.6%，男性占47.4%。

表6-1 调查样本的构成

单位：人

城市		性别		合计
		男	女	
南京	大学生	82	68	150
	其他市民	60	72	132
	合计	142	140	282

续表

城市		性别		合计
		男	女	
重庆	大学生	50	69	119
	其他市民	85	62	147
	合计	135	131	266
厦门	大学生	83	77	160
	其他市民	39	74	113
	合计	122	151	273
北京	大学生	77	91	168
	其他市民	62	83	145
	合计	139	174	313

注：本调查总的样本量为1144，个别题目存在一定的缺失值。

二 风险源评价排序

调查中要求被调查者对问卷中所列的69种风险源根据自己的体会对危险性大小进行评价，各个风险源按第一个字的拼音排序。指导语是，"以下是一些常见的、可能带来危险的环境、物品和活动。请逐项对比，评估每一项对您个人构成危险的可能性的大小"。危险性评价分为七个等级，按从高到低的顺序排序依次为"极高危险"、"很高危险"、"较高危险"、"中等危险"、"轻微危险"、"几乎没有危险"和"绝对没有危险"，记分是从7到1。表6-2为调查中危险性评价平均分最高的10个风险源，表6-3为危险性排序第11~20位的风险源。

表6-2 危险性排序前十的风险源

	样本数	平均分	标准差	风险类型
核泄漏	1139	5.23	2.224	祸患事故
毒气泄漏	1141	5.11	1.808	祸患事故
战争	1143	5.06	2.213	社会性风险
燃气爆炸	1139	5.00	1.915	祸患事故
核武器	1138	4.94	2.247	社会性风险

续表

	样本数	平均分	标准差	风险类型
传染病流行	1139	4.90	1.475	祸患事故
恐怖袭击	1141	4.78	2.022	社会性风险
地震	1138	4.76	1.725	自然灾害
癌症	1139	4.76	1.975	祸患事故
交通事故	1140	4.74	1.482	祸患事故

排在前10位的风险源平均分为4.74～5.23，在"较高危险"水平上波动，最危险的是核泄漏和毒气泄漏，这10个风险源中只有地震一项属于自然灾害，其他均属于祸患事故类风险和社会性风险。一般来说，这些风险都具有很强的致命性，除了癌症、交通事故在同一时间可能仅发生于个体，其他风险都是具有大规模杀伤性的，这些风险对于普通民众来说是不可预知、不可控制，完全被动的。

如表6-3所示，在危险性排序第11～20位的风险源中，只有雷电电击属于自然风险，炸药和高压电线属于科技风险，一般来说，只有人为因素与自然因素结合的两项风险源才会导致危害产生。除吸毒外，普通民众在其他风险源面前都是被动的。这些风险源都可能对民众的生命造成伤害。

表6-3　危险性排序第11～20位的风险源

	样本数	平均分	标准差	风险类型
炸药	1138	4.74	2.137	科技风险
炸弹	1142	4.73	2.115	社会性风险
枪击	1136	4.69	2.092	社会性风险
罪犯伤害	1142	4.67	1.801	社会性风险
艾滋病	1137	4.63	2.256	祸患事故
火灾	1138	4.62	1.562	祸患事故
吸毒	1137	4.61	2.289	习惯嗜好风险
社会动荡	1140	4.56	1.826	社会性风险
高压电线	1136	4.46	1.93	科技风险
雷电电击	1140	4.43	1.885	自然灾害

之后的风险源危险性排序包括（见表6-4和表6-5）：空气污染、台风、骚乱、水灾、不卫生食品、江河湖海污染、甲醛、（电器）电击、井下事故、山体滑坡、臭氧层破坏、高空作业、经济危机和蔬菜残留农药，这些风险源的平均分在4.02~4.41之间；之后是X射线、手机辐射、网络黑客攻击、接受手术、赌博、垃圾处理场、生活和工作压力、食品防腐剂、接受输血、爆竹、汽车尾气、吸烟、抗生素、开船出海、杀虫剂、野狗、驾驶汽车、步行过马路、化肥、蹦极、转基因食品、注射疫苗、乘汽车、摄像头、游乐场过山车和股市下跌，平均分在3.13~3.96之间；排在最后9项的风险源，如表6-6所示。

表6-4　危险性排序第21~30位的风险源

	样本数	平均分	标准差	风险类型
空气污染	1139	4.41	1.507	环境风险
台风	1143	4.36	1.886	自然灾害
骚乱	1141	4.35	1.774	社会性风险
水灾	1140	4.35	1.746	自然灾害
不卫生食品	1137	4.32	1.445	社会风险
江河湖海污染	1138	4.29	1.516	环境风险
甲醛	1140	4.28	1.61	科技风险
（电器）电击	1143	4.26	1.698	科技风险
井下事故	1138	4.24	2.082	灾害事故
山体滑坡	1141	4.24	1.82	自然灾害

表6-5　危险性排序第31~60位的风险源

	样本数	平均分	标准差
臭氧层破坏	1137	4.18	1.631
高空作业	1134	4.12	1.796
经济危机	1136	4.05	1.590
蔬菜残留农药	1137	4.02	1.398
X射线	1135	3.96	1.615
手机辐射	1137	3.85	1.393
网络黑客攻击	1137	3.84	1.617

	样本数	平均分	标准差
接受手术	1136	3.84	1.403
赌博	1138	3.79	1.878
垃圾处理场	1140	3.79	1.509
生活和工作压力	1139	3.78	1.488
食品防腐剂	1142	3.74	1.397
接受输血	1140	3.71	1.473
爆竹	1138	3.69	1.437
汽车尾气	1141	3.66	1.324
吸烟	1141	3.66	1.700
抗生素	1138	3.58	1.394
开船出海	1137	3.56	1.709
杀虫剂	1140	3.56	1.383
野狗	1135	3.52	1.591
驾驶汽车	1141	3.46	1.428
步行过马路	1134	3.38	1.323
化肥	1138	3.37	1.413
蹦极	1134	3.28	1.597
转基因食品	1136	3.26	1.483
注射疫苗	1141	3.25	1.381
乘汽车	1137	3.22	1.198
摄像头	1139	3.21	1.485
游乐场过山车	1136	3.18	1.529
股市下跌	1136	3.13	1.757

危险性排序最后的 9 项风险危险性评价平均分为 2.19~3.12,介于"几乎没有危险"和"轻微危险"之间。一般来说,这些风险源对生命的伤害概率很低,除登山意外事故、飞机失事、游泳意外事故等情况外,多数风险源没有致命性。此外,这些风险源都属于行动风险和习惯嗜好风险。习惯嗜好风险是个体可以自由选择的;对于行动风险,由于生活、工作的需要个体的选择性很小,加之个体对这些风险源的危险性评价的平均分较低,主动选择和被动选择的影响并不大。

表 6 – 6　危险性排序第 61~69 位的风险源

	样本数	平均分	标准差	风险类型
服西药	1137	3.12	1.187	行动风险
登山	1138	3.10	1.256	习惯嗜好风险
乘飞机	1137	3.10	1.283	行动风险
游泳	1137	2.95	1.392	习惯嗜好风险
乘电梯	1139	2.84	1.139	行动风险
乘火车	1139	2.73	1.147	行动风险
服中药	1141	2.70	1.109	行动风险
骑自行车	1139	2.70	1.266	行动风险
不信神	1132	2.19	1.367	习惯嗜好风险

三　风险源评价分类排序

本部分对 69 种风险源再按照不同性别、身份和所在城市进行排序。表 6 – 7 给出了风险源总体排序中前 20 项风险源和后 10 项风险源。从表 6 – 7 可以看出，不同特点的被调查者在风险评价的排序上是不同的，多数类型的被调查者将核泄漏排在风险源的第一位，只有厦门市例外，由于特殊的地理位置，厦门将战争排在风险源的第一位，第二位才是核泄漏。由于女性和其他市民在生活中使用燃气频率高，他们对于燃气的风险源排序整体靠前，分列第 3 和第 2 位。厦门和重庆对于交通事故的风险源排序相对靠前，分别列第 5 位和第 7 位，女性被调查者对于交通事故的风险源排序也前于男性，列第 8 位，男性列第 12 位。一些类别的被调查者对炸弹的风险源评价较高，炸弹在总体的风险源排序中列第 12 位，男性列第 10 位，大学生列第 9 位，南京列第 10 位，厦门最靠前列第 6 位。女性对地震的风险源排序比其他各种类型的被调查者都靠后，列第 11 位，南京和北京对地震的风险源排序相同，列第 6 位。大学生对火灾的风险源排序也较靠前，排在第 8 位，而火灾风险源在总体排序中列第 17 位，厦门对火灾的风险源排序也较靠前，排在第 11 位。重庆对癌症风险源排序偏低，排在第 21 位，而在总体排序中列第 9 位。大学生和厦门对恐怖袭击的风险源排序相同，列第 12 位，在总体排序中列第 7 位。厦门和

表6-7 风险源评价分类排序

风险源	总体	性别		身份		城市			
		男	女	大学生	其他市民	南京	重庆	厦门	北京
核泄漏	1	1	1	1	1	1	1	2	1
毒气泄漏	2	2	2	2	3	2	2	3	4
战争	3	3	4	3	4	4	6	1	2
燃气爆炸	4	5	3	5	2	5	5	4	3
核武器	5	4	6	4	5	3	3	7	7
传染病流行	6	6	5	6	6	7	4	9	5
恐怖袭击	7	9	7	12	7	8	9	12	8
地震	8	7	11	7	8	6	8	8	6
癌症	9	8	9	11	10	12	21	14	14
交通事故	10	12	8	10	9	9	7	5	11
炸药	11	13	10	13	11	14	15	17	16
炸弹	12	10	12	9	12	10	13	6	15
枪击	13	14	13	14	15	11	16	16	10
罪犯伤害	14	11	15	15	13	15	12	15	13
艾滋病	15	15	16	16	16	16	26	10	9
火灾	16	16	14	19	14	17	10	13	19
吸毒	17	17	18	8	19	13	18	11	17
社会动荡	18	18	17	18	17	20	14	22	12
高压电线	19	19	21	17	26	19	11	18	31
雷电电击	20	20	20	20	20	21	29	19	20
股市下跌	60	57	62	64	55	64	60	62	54
服西药	61	61	61	61	60	60	55	61	62
登山	62	62	63	56	59	61	59	63	59
乘飞机	63	63	60	63	63	62	63	64	61
游泳	64	64	64	62	65	63	64	60	67
乘电梯	65	65	65	65	64	65	65	66	64
乘火车	66	68	66	66	66	68	67	65	66
服中药	67	66	67	67	67	66	66	67	65
骑自行车	68	67	68	68	68	67	68	68	68
不信神	69	69	69	69	69	69	69	69	69

北京对艾滋病的风险源排序较靠前，分别排在第 10 位和第 9 位，在总体排序中列第 15 位。重庆对吸毒的风险源排序相对靠前，列第 10 位，吸毒在风险源总体排序中列第 17 位。重庆对高压电线的风险源排序相对靠前，列第 11 位，高压电线在总体风险源排序中列第 19 位。各种不同类型的被调查者对于危险性排序最低的各项风险源的排序比较接近，与总体风险源排序类似。

四　风险与人格

通过问卷中风险量表把被调查者分为冒险倾向低、中、高三个组，来了解人格因素对风险源评价的影响。调查结果显示，冒险倾向低、中、高三组的风险平均分分别为 4.03、3.93 和 3.87，说明冒险倾向越强，对风险的评价越低，但三组的风险评价平均分差异不大，并未达到统计上的显著水平。习惯嗜好风险上冒险倾向低、中、高三组的平均分分别为3.34、3.32 和 3.35，除此之外，在其他各类风险源评价中，几乎都显示出冒险倾向越高，风险的评价越低，但三组间的差异均不大，未达到统计上的显著水平（见表 6 - 8）。

表 6 - 8　不同冒险倾向者的风险总分、各类风险的平均分

		样本量	平均分	标准差	最小值	最大值
风险总分	低	177	277.95	73.83	92.00	457.00
	中	612	271.44	70.33	69.00	455.00
	高	142	267.03	69.83	90.00	437.00
	合计	931	272.01	70.93	69.00	457.00
风险平均分	低	177	4.03	1.07	1.33	6.62
	中	612	3.93	1.02	1.00	6.59
	高	142	3.87	1.01	1.30	6.33
	合计	931	3.94	1.03	1.00	6.62
自然灾害风险	低	209	4.46	1.63	1.00	7.00
	中	722	4.45	1.53	1.00	7.00
	高	180	4.26	1.46	1.00	7.00
	合计	1111	4.42	1.54	1.00	7.00

续表

		样本量	平均分	标准差	最小值	最大值
祸患事故风险	低	203	4.76	1.41	1.00	7.00
	中	709	4.66	1.41	1.00	7.00
	高	172	4.70	1.29	1.40	7.00
	合计	1084	4.68	1.39	1.00	7.00
人为风险	低	205	4.33	1.37	1.29	7.00
	中	698	4.28	1.30	1.00	7.00
	高	174	4.28	1.25	1.14	6.93
	合计	1077	4.29	1.30	1.00	7.00
科技风险	低	200	3.91	1.05	1.43	6.86
	中	693	3.85	0.97	1.00	7.00
	高	173	3.79	1.04	1.50	6.43
	合计	1066	3.85	1.00	1.00	7.00
环境破坏风险	低	210	4.30	1.23	1.25	7.00
	中	718	4.15	1.23	1.00	7.00
	高	179	4.04	1.25	1.00	7.00
	合计	1107	4.16	1.23	1.00	7.00
行动风险	低	202	3.34	0.96	1.00	6.64
	中	692	3.31	0.83	1.00	6.64
	高	171	3.20	0.87	1.43	5.71
	合计	1065	3.30	0.87	1.00	6.64
习惯嗜好风险	低	205	3.34	1.19	1.00	6.25
	中	698	3.32	1.06	1.00	6.62
	高	177	3.35	1.04	1.25	6.25
	合计	1080	3.33	1.08	1.00	6.62

五　风险与文化

（一）文化理论中的五种原型

伯内德·罗尔曼、奥尔特温·雷恩（2007［2000］：29～33）指出，人们对风险的评估和接受程度受到他们特定文化中社会群体的影响，这种文化中的"世界观"决定着人们对风险情境的反应。这种观点发端于文化研究的文化类型学，他们用"网格"和"群体"这两个概念对文化进行类别化。

"网格"或者"网格"度、"群体"或者"群体"聚合度成为核心概念。雷纳（2005：97～98）指出，"群体变量代表一个社会单位中个人的社会融入程度"。如图6-1所示，群体水平低的地方，社会网络处于激进的状态，群体互动交流很少，低群体水平成员的自我保护意识强，倾向于互相竞争；与之相反的，群体水平高的地方，群体互动交流频繁，群体成员之间互相依赖，比较团结。如果说群体用来表示社会单位中的社会交往范围的话，网格则是用来表示交往的性质的。网格是对社会成员进行分类的方法，分类可能依据性别、血缘、年龄和等级等。低网格表示成员的关系比较平等，高网格则受到等级或规则的限制。

```
                              群体
                        弱          强
网络                 激进的       相关的
互动交流              很少         频繁
边界（界线）          开放式       封闭式
共享活动              少           多
                              网格
                        弱          强
责任                  垂直         水平
专门性                小           大
角色分配              成绩         归属
资源分配              平等         等级
```

图6-1 网格与群体的特征

资料来源：雷纳（2005：97）。

"群体"的聚合度可以理解为个人接受群体思想并从群体中获得认同的程度，"网格"度是指某人接受并尊重等级制度和程序规则的正式系统的程度（伦内，2005：82；罗尔曼、雷恩，2007［2000］：30）。

把"网格"和"群体"作为变量交叉分析可以得到四种不同类型的理想型，即A竞争性个人主义/市场、B分层个人、C复杂群体、D平等群体（见图6-2）。A是低网格水平、低群体水平类型，表现为自由主义和竞争；B是分层和异化的个体；D是集体的平等主义团体；C是一个等级制的正式系统（雷纳，2005：98～99）。

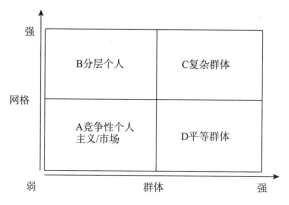

图 6 - 2　网格／群体分类

资料来源：雷纳（2005：98）。

汤普森在这个四分的类型中加入了第五个类型，这是一个和其他群体都可以建立联盟关系的群体，这样构成了五种原型，分别是企业家（entrepreneurs）、平等主义者（egalitarians）、科层主义者（bureaucrats）、分层个体（stratified individual）和自主个体（autonomous individuals）（罗尔曼、雷恩，2007［2000］：30；伦内，2005：84），如图 6 - 3 所示。属于企业家原型的组织或社会群体把冒险看作一种追求成功的机遇，突出的特点是自由和竞争；而平等主义者原型与企业家原型正好相反，他们强调的是合作和平等，他们与企业家原型相同的是低等级制，不同的是具有强烈的群体感和内聚力。平等主义者着眼于人类活动的长期效果，他们在面临风险时可能会放弃一个对自己有利的行为，他们关注的不是个人机会，而是社会的公平；科层主义者原型依赖规则和程序应对不确定性，这种原型具有高的等级和群体凝聚力，这个群体相信只要有适当的机构管理风险，制定应对的措施，就不必担心风险；分层个体或者称为原子化个人，这个原型虽然相信等级制度，但他们的成员并不认同所属的等级，他们只相信自己，经常对风险问题感到困惑，他们自愿承担一些高风险，但强烈反对任何强加给他们的风险。他们把生活看作碰运气，不把风险与一些具体的原因相联系；最后一种原型是隐士，他们位于"网格"和"群体"坐标轴的中心，他们是以自我为中心的隐士和短期风险评价者，因为他们与其他四个群体都有可能建立联盟，所以他们是风险冲突潜在的协调者，他们在与权威、优异的表现和知识联系在一起时才相信等级制度。

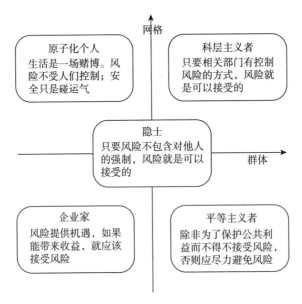

图 6-3　文化理论中的五种原型

（二）文化原型的分布

在问卷中把五种文化原型作为一个量表来对被调查者进行分类，具体题目如下：①生活是一场赌博。风险不受人们控制；安全只是碰运气。②只要相关部门有控制风险的方式，风险就是可以接受的。③风险提供机遇，如果能带来收益，就应该接受风险。④除非为了保护公共利益而不得不接受风险，否则应尽力避免风险。⑤只要风险不包含对他人的强制，风险就是可以接受的。问卷题目采用 7 点量表，从最低的 1 到最高的 7 来评分。

如表 6-9 所示，为被调查者在各题目上得分的交叉分析结果，得分为 1 和 2 为低，3、4 和 5 为中，6 和 7 为高，每个单元格中为选择的人数和占总人数的百分比，由于五个原型是分别评分，就会出现在一些原型上都高或都低的现象。但总的来看在各原型的交叉项中，居中的比例较高。

　　进一步分析哪些被调查者属于典型的五种原型群体，或者倾向于某种类型（见表6－10）。如果把某一种原型题目上得分高，而其他四类原型题目上得分均低的原型作为典型，结果显示，属于五种典型文化原型的个人极少，最多的是平等主义者，仅8人，占被调查者的0.70%，没有人属于原子化个人，属于典型五种文化原型的个体共12人，约占被调查者的1%。

表6－9　五种文化原型题目选择频度的交叉分析

单位：人，%

		科层主义者			企业家			平等主义者			隐士		
		低	中	高	低	中	高	低	中	高	低	中	高
原子化个人	低	94 8.33	239 21.17	133 11.78	114 10.10	283 25.07	70 6.20	63 5.57	213 18.83	190 16.80	86 7.61	272 24.07	108 9.56
	中	39 3.45	394 34.90	114 10.10	46 4.07	410 36.32	90 7.97	41 3.63	369 32.63	139 12.29	38 3.36	407 36.02	103 9.12
	高	13 1.15	45 3.99	58 5.14	13 1.15	57 5.05	46 4.07	7 0.62	50 4.42	59 5.22	14 1.24	52 4.60	50 4.42
科层主义者	低				76 6.73	56 4.96	14 1.24	38 3.36	45 3.98	64 5.66	54 4.78	65 5.75	29 2.57
	中				68 6.02	541 47.92	68 6.02	41 3.63	448 39.61	189 16.71	55 4.87	521 46.11	101 8.94
	高				31 2.75	151 13.37	124 10.98	32 2.83	137 12.11	137 12.11	27 2.39	147 13.01	131 11.59
企业家	低							34 3.01	47 4.16	93 8.22	55 4.87	93 8.23	27 2.39
	中							47 4.16	496 43.85	207 18.30	64 5.66	551 48.76	134 11.86
	高							30 2.65	87 7.69	90 7.96	19 1.68	87 7.70	100 8.85
平等主义者	低										37 3.27	45 3.98	29 2.56
	中										43 3.80	489 43.20	99 8.75
	高										57 5.04	199 17.58	134 11.84

表 6 - 10 不同文化类型的分布

单位：人，%

	原子化个人	科层主义者	企业家	平等主义者	隐士	人数	百分比
原子化个人	高	低	低	低	低	0	0.00
科层主义者	低	高	低	低	低	2	0.17
企业家	低	低	高	低	低	1	0.09
平等主义者	低	低	低	高	低	8	0.70
隐士	低	低	低	低	高	1	0.09
倾向原子化个人	高	中或低	中或低	中或低	中或低	16	1.40
倾向科层主义者	中或低	高	中或低	中或低	中或低	67	5.86
倾向企业家	中或低	中或低	高	中或低	中或低	35	3.06
倾向平等主义者	中或低	中或低	中或低	高	中或低	159	13.90
倾向隐士	中或低	中或低	中或低	中或低	高	47	4.11
均高	高	高	高	高	高	15	1.31
均低	低	低	低	低	低	13	1.14
均衡	中	中	中	中	中	230	20.10
混合	其他					562	49.13

如果把某一原型题目上得分高，而在其他四类原型题目上得分为中或低的视为该原型，则结果显示，倾向平等主义者的人最多，约占总数的13.9%，其次是倾向科层主义者的人，占总数的5.86%，倾向原子化个人的比例最低，约占总数的1.4%。其他一些较为特殊的类型有各项原型得分都高、各项原型得分都低和各项原型得分都为中等的情况，而均高和均低的比例都较少，各项均为中等的比例最高，约占总人数的两成，其余原型为混合型，约占总人数的一半。

需要注意的是，把五种文化原型的描述作为量表题目存在的一定问题，就是每个原型的一个题目很难准确衡量所代表的原型，另外，这些描述不一定真的能够表达出这类文化原型的意涵，此外还存在从英文转译后出现的误差。但从调查的结果来看信度系数 Cronbach's Alpha 为0.55，信度尚可。从结果的区分来看，对人群具有一定区分度，对信度、效度问题还需进一步考察。

表 6 - 11 为五种文化原型得分的相关分析，从中也基本验证了五种文化原型的相互关系，如隐士和其他四种原型之间都存在一定的相关，相

关均极其显著，在本次调查中隐士与科层主义者和企业家的相关较高，分别为 0.357 和 0.339；企业家和平等主义者之间相关为负；原子化个人与平等主义者之间相关接近零。但结果比较奇怪的是企业家和科层主义者之间的相关竟然达到了 0.461，而且极其显著。

表 6-11　五种文化原型得分的相关分析

		原子化个人	科层主义者	企业家	平等主义者	隐士
原子化个人	Pearson 相关	1	**0.149****	**0.246****	0.042	**0.153****
	显著性（双侧）		0.000	0.000	0.159	0.000
	N	1132	1129	1129	1131	1130
科层主义者	Pearson 相关	**0.149****	1	**0.461****	**0.128****	**0.357****
	显著性（双侧）	0.000		0.000	0.000	0.000
	N	1129	1132	1129	1131	1130
企业家	Pearson 相关	**0.246****	**0.461****	1	-0.007	**0.339****
	显著性（双侧）	0.000	0.000		0.816	0.000
	N	1129	1129	1132	1131	1130
平等主义者	Pearson 相关	0.042	**0.128****	-0.007	1	**0.151****
	显著性（双侧）	0.159	0.000	0.816		0.000
	N	1131	1131	1131	1134	1132
隐士	Pearson 相关	**0.153****	**0.357****	**0.339****	**0.151****	1
	显著性（双侧）	0.000	0.000	0.000	0.000	
	N	1130	1130	1130	1132	1133

** 在 0.01 水平（双侧）上显著相关。

（三）不同文化原型者的风险评价

表 6-12 为五种文化原型的被调查对象在各风险源上的风险评价的平均分的排序，将这些排序与总体的排序进行对比，并对前 20 位风险源与总体比较的上升和下降的情况进行了说明。结果显示，不同文化原型在风险评价上的差异不是很大，对于全部风险的总评价基本相当，这可以从各文化原型在各风险源的风险评价的平均值之和看出，各组平均值之后相差很小。平等主义者的风险评价与总体比较，平均分排序前 20 位中变化较大的为"传染病流行"，由第 6 位下降为第 12 位，"炸弹"由第 11

表 6-12　五种文化原型者在各风险源上的风险评价平均分排序

排序	总体		平等主义者		科层主义者		原子化个人		企业家		隐士	
	风险源	平均分	风险源	平均分	风险源	平均分	风险源	平均分	风险源	平均分	风险源	平均分
1	核泄漏	5.23	核泄漏	5.42	毒气泄漏（+1）	5.43	癌症（+8）	5.50	核泄漏	5.69	核泄漏	5.54
2	毒气泄漏	5.11	战争（+1）	5.32	核泄漏（-1）	5.42	传染病流行（+4）	5.31	毒气泄漏	5.40	核武器（+3）	5.40
3	战争	5.06	毒气泄漏（-1）	5.27	燃气爆炸（+1）	5.30	核泄漏（-2）	5.19	核武器（+2）	5.29	战争	5.32
4	燃气爆炸	5.00	燃气爆炸	5.22	战争（-1）	5.22	核武器（+1）	5.06	交通事故（+6）	5.20	毒气泄漏（-2）	5.17
5	核武器	4.94	核武器	5.13	枪击（+8）	5.10	电击（电器）（+23）	5.06	战争（-2）	5.17	恐怖袭击（+2）	5.15
6	传染病流行	4.90	地震（+2）	5.06	核武器（-1）	5.01	台风（+16）	5.00	恐怖袭击（+1）	5.11	燃气爆炸（-2）	5.11
7	恐怖袭击	4.78	炸弹（+4）	4.99	交通事故（+3）	5.00	艾滋病（+8）	5.00	火灾（+9）	5.11	枪击（+6）	4.98
8	地震	4.76	恐怖袭击（-1）	4.98	恐怖袭击（-1）	4.99	网络黑客攻击（+29）	4.94	传染病流行（-2）	4.94	犯罪伤害（+6）	4.91
9	癌症	4.76	癌症	4.97	传染病流行（-3）	4.96	战争（-6）	4.88	犯罪伤害（+5）	4.89	传染病流行（-3）	4.91
10	交通事故	4.74	交通事故	4.96	吸毒（+7）	4.94	燃气爆炸（-6）	4.81	社会动荡（+8）	4.89	炸弹（+2）	4.89
11	炸药	4.74	枪击（+1）	4.92	炸弹（+1）	4.91	蔬菜残留农药（+23）	4.81	骚乱（+12）	4.89	水灾（+5）	4.85
12	炸弹	4.73	传染病流行（-6）	4.90	炸药（-1）	4.88	X射线（+23）	4.81	吸毒（+5）	4.86	地震（-4）	4.83

排序	总体		平等主义者		科层主义者		原子化个人		企业家		隐士	
	风险源	平均分	风险源	平均分	风险源	平均分	风险源	平均分	风险源	平均分	风险源	平均分
13	枪击	4.69	炸药（-2）	4.87	地震（-5）	4.85	手机辐射（+23）	4.75	燃气爆炸（-9）	4.83	吸毒（+4）	4.77
14	罪犯伤害	4.67	罪犯伤害	4.83	社会动荡（+4）	4.82	水污染（+10）	4.63	空气污染（+7）	4.83	炸药（-4）	4.74
15	艾滋病	4.63	艾滋病	4.81	高压电线（+4）	4.76	垃圾处理场（+25）	4.60	枪击（-2）	4.83	高压电线（+4）	4.72
16	火灾	4.62	社会动荡（+2）	4.77	癌症（-7）	4.72	恐怖袭击（-9）	4.56	江河湖海污染（+10）	4.80	火灾	4.70
17	吸毒	4.61	吸毒	4.68	艾滋病（-2）	4.68	枪击（-5）	4.56	雷电电击（+3）	4.77	台风（+5）	4.64
18	社会动荡	4.56	火灾（-2）	4.66	火灾（-2）	4.68	罪犯伤害（-4）	4.50	炸药（-7）	4.74	空气污染（+3）	4.60
19	高压电线	4.46	高压电线	4.60	骚乱（+4）	4.67	经济危机（+14）	4.50	炸弹（-7）	4.66	雷电电击（+1）	4.60
20	雷电电击	4.43	雷电电击	4.57	罪犯伤害（-6）	4.67	空气污染（+1）	4.50	地震（-12）	4.63	社会动荡（-2）	4.57
21	空气污染	4.41	骚乱	4.56	雷电电击	4.61	火灾	4.37	甲醛	4.63	癌症	4.51
22	台风	4.36	水灾	4.54	高空作业	4.47	臭氧层破坏	4.31	癌症	4.57	交通事故	4.51
23	骚乱	4.35	不卫生食品	4.50	井下事故	4.46	雷电电击	4.31	井下事故	4.50	井下事故	4.43
24	水灾	4.35	山体滑坡	4.47	水灾	4.45	交通事故	4.25	高压电线	4.49	骚乱	4.38
25	不卫生食品	4.32	井下事故	4.47	不卫生食品	4.42	转基因食品	4.25	臭氧层破坏	4.46	高空作业	4.38
26	江河湖海污染	4.29	空气污染	4.45	（电器）电击	4.42	骚乱	4.25	经济危机	4.40	江河湖海污染	4.36
27	甲醛	4.28	台风	4.45	臭氧破坏	4.38	汽车尾气	4.20	艾滋病	4.38	不卫生食品	4.36

续表

排序	总体		平等主义者		科层主义者		原子化个人		企业家		隐士	
	风险源	平均分	风险源	平均分	风险源	平均分	风险源	平均分	风险源	平均分	风险源	平均分
28	（电器）电击	4.26	江河湖海污染	4.42	台风	4.37	生活和工作压力	4.13	山体滑坡	4.34	甲醛	4.33
29	井下事故	4.24	甲醛	4.35	江河湖海污染	4.36	炸药	4.13	（电器）电击	4.34	山体滑坡	4.28
30	山体滑坡	4.24	（电器）电击	4.31	甲醛	4.36	食品防腐剂	4.13	台风	4.34	（电器）电击	4.26
31	臭氧层破坏	4.18	臭氧层破坏	4.26	空气污染	4.27	甲醛	4.13	水灾	4.29	艾滋病	4.17
32	高空作业	4.12	经济危机	4.23	山体滑坡	4.25	吸毒	4.12	高空作业	4.26	臭氧层破坏	4.13
33	经济危机	4.05	蔬菜残留农药	4.22	赌博	4.21	炸弹	4.00	不卫生食品	4.23	食品防腐剂	4.11
34	蔬菜残留农药	4.02	高空作业	4.13	生活和工作压力	4.01	山体滑坡	4.00	接受输血	4.15	垃圾处理场	4.09
35	X射线	3.96	网络黑客攻击	4.04	网络黑客攻击	3.94	毒气泄漏	4.00	X射线	4.11	经济危机	4.07
36	手机辐射	3.85	X射线	3.94	X射线	3.93	高压电线	3.94	蔬菜残留农药	4.09	蔬菜残留农药	4.07
37	网络黑客攻击	3.84	手机辐射	3.91	经济危机	3.91	地震	3.91	生活和工作压力	4.06	手机辐射	4.04
38	接受手术	3.84	赌博	3.90	蔬菜残留农药	3.89	注射疫苗	3.88	接受手术	4.06	汽车尾气	3.87
39	垃圾处理场	3.79	生活和工作压力	3.88	吸烟	3.88	社会动荡	3.88	赌博	4.03	接受输血	3.87
40	生活和工作压力	3.79	接受手术	3.88	垃圾处理场	3.84	吸烟	3.81	吸烟	4.00	网络黑客攻击	3.87
41	食品防腐剂	3.78	食品防腐剂	3.86	接受手术	3.82	不卫生食品	3.81	汽车尾气	3.97	接受手术	3.87
42	接受输血	3.74	垃圾处理场	3.82	开船出海	3.80	步行过马路	3.75	垃圾处理场	3.94	开船出海	3.81
43	爆竹	3.71	吸烟	3.74	野狗	3.64	杀虫剂	3.64	手机辐射	3.89	X射线	3.77
44		3.69	爆竹	3.72	手机辐射	3.64	抗生素	3.64	开船出海	3.83	吸烟	3.74

续表

排序	总体		平等主义者		科层主义者		原子化个人		企业家		隐士	
	风险源	平均分	风险源	平均分	风险源	平均分	风险源	平均分	风险源	平均分	风险源	平均分
45	汽车尾气	3.66	抗生素	3.71	接受输血	3.57	爆竹	3.75	食品防腐剂	3.80	抗生素	3.68
46	吸烟	3.66	汽车尾气	3.70	食品防腐剂	3.57	江河湖海污染	3.69	抗生素	3.77	生活和工作压力	3.68
47	抗生素	3.58	驾驶汽车	3.69	杀虫剂	3.51	接受输血	3.69	杀虫剂	3.74	爆竹	3.66
48	开船出海	3.56	接受输血	3.67	爆竹	3.49	井下事故	3.69	网络黑客攻击	3.60	化肥	3.64
49	杀虫剂	3.56	野狗	3.64	汽车尾气	3.46	化肥	3.63	化肥	3.54	杀虫剂	3.62
50	野狗咬伤	3.52	开船出海	3.62	抗生素	3.45	接受手术	3.62	摄像头	3.49	赌博	3.57
51	驾驶汽车	3.46	杀虫剂	3.60	驾驶汽车	3.33	驾驶汽车	3.56	驾驶汽车	3.37	野狗	3.53
52	步行过马路	3.38	步行过马路	3.49	游乐场过山车	3.31	乘汽车	3.56	转基因食品	3.34	蹦极	3.49
53	化肥	3.37	化肥	3.38	摄像头	3.31	乘飞机	3.50	爆竹	3.29	驾驶汽车	3.38
54	蹦极	3.28	蹦极	3.35	蹦极	3.31	野狗	3.47	注射疫苗	3.26	登山	3.32
55	转基因食品	3.26	摄像头	3.30	登山	3.25	摄像头	3.44	服西药	3.26	转基因食品	3.28
56	注射疫苗	3.25	乘汽车	3.30	股市下跌	3.22	高空作业	3.38	股市下跌	3.26	服西药	3.26
57	乘汽车	3.22	转基因食品	3.28	步行过马路	3.19	开船出海	3.37	步行过马路	3.17	注射疫苗	3.21
58	摄像头	3.21	注射疫苗	3.25	化肥	3.16	服西药	3.31	乘汽车	3.14	摄像头	3.17
59	坐游乐场过山车	3.18	游乐场过山车	3.25	注射疫苗	3.10	骑自行车	3.31	游泳	3.11	游乐场过山车	3.17
60	股市下跌	3.13	股市下跌	3.23	乘汽车	3.10	登山	3.13	蹦极	3.09	步行过马路	3.17
61	服西药	3.12	登山	3.09	转基因食品	3.06	乘火车	3.13	乘飞机	3.03	乘汽车	3.00

续表

排序	总体		平等主义者		科层主义者		原子化个人		企业家		隐士	
	风险源	平均分	风险源	平均分	风险源	平均分	风险源	平均分	风险源	平均分	风险源	平均分
62	登山	3.10	乘飞机	3.05	游泳	2.99	蹦极	3.13	野狗	3.00	骑自行车	3.00
63	乘飞机	3.10	服西药	3.00	乘飞机	2.88	赌博	3.12	登山	3.00	乘飞机	3.00
64	游泳	2.95	游泳	2.94	服西药	2.87	游乐场过山车	3.07	乘火车	2.89	股市下跌	2.96
65	乘电梯	2.84	乘电梯	2.86	乘火车	2.72	股市下跌	3.06	服中药	2.83	服中药	2.89
66	乘火车	2.73	乘火车	2.68	乘电梯	2.70	乘电梯	3.00	游乐场过山车	2.77	游泳	2.77
67	服中药	2.70	服中药	2.67	骑自行车	2.70	游泳	2.88	乘电梯	2.71	乘电梯	2.72
68	骑自行车	2.70	骑自行车	2.52	服中药	2.45	服中药	2.69	骑自行车	2.32	乘火车	2.70
69	不信神	2.19	不信神	1.94	不信神	2.07	不信神	2.50	不信神	2.21	不信神	2.15
均值和	272.59		279.19		276.11		276.68		279.88		277.70	

位上升为第 7 位。科层主义者的风险评价与总体比较，平均分变化比较大的是下面几个风险源："枪击"和"吸毒"，风险源风险排序分别上升了 8 位和 7 位，"癌症"和"罪犯伤害"分别下降了 7 位和 6 位，"地震"下降了 5 位，"社会动荡"、"高压电线"和"骚乱"，均上升 4 位。原子化个人的风险评价与总体和其他各组差距最大，排在前两位的分别是"癌症"和"传染病流行"，排序上升最多的是"网络黑客攻击""垃圾处理场""（电器）电击""蔬菜残留农药""X 射线""手机辐射"，上升幅度为 23～29 位，"经济危机"上升 14 位，"水灾"上升 10 位，而"恐怖袭击"下降了 9 位，"战争"、"燃气爆炸"和"枪击"分别下降 6 位、6 位和 5 位，原子化个人对日常生活中发生概率较高、慢性伤害的风险源的风险评价明显高于其他组和总体平均分。企业家是变化幅度仅次于原子化个人的第二大群体，与总体比较，风险源风险评价变化较大的是"骚乱""江河湖海污染""火灾""社会动荡""空气污染"，上升幅度为 12～7 位，"地震"、"燃气爆炸"、"炸药"和"炸弹"下降幅度为 7～12 位，"交通事故"、"罪犯伤害"和"吸毒"分别上升 6 位、5 位、5 位，这组风险源的风险评价表明社会管理和社会问题类风险源的风险评价更高的特点。隐士群体风险评价与总体比较，平均分排序变化较大的是"枪击"和"罪犯伤害"，均上升 6 位，"水灾"和"台风"，均上升 5 位，"吸毒"和"高压电线"均上升 4 位，"地震"和"炸药"均下降 4 位。

第七章

公共风险认知

一　风险认知评价问卷的维度划分

为了研究个人和社会对于常见风险源的认知评价，第五章已经对风险源进行了主观分类，但这一分类与个人视角和社会视角下人们的风险认知评价是否一致，有待检验。以下采用因素分析的方法对风险认知评价问卷中的个人视角和社会视角分别进行因素分析，以确定风险评价的维度和类型。

本研究首先将数据库中的缺失值以平均值进行替换，然后对调查所获得的数据进行取样适当性检验。个人视角的风险认知问卷的取样适当性 KMO 值为 0.972，Bartlett 球形检验 $p < 0.01$；社会视角的风险认知问卷的取样适当性 KMO 值为 0.964，Bartlett 球形检验 $p < 0.01$。这说明问卷各项目之间有共享因素的可能性，可以进行因素分析。

我们对 80 个项目进行因素分析，使用主成分分析、方差最大正交旋转法抽取因素。因素分析以特征值大于 1 为因素抽取的基本原则，辅之以总解释率和碎石图来确定因素数目。题目删除标准为：①因素载荷小于 0.500 不显示；②r 相关系数为负数；③题目出现双载荷或多载荷。经过多次探索，我们最终获得 5 个显著的因素，一共能够解释 66.242%（个人视角）、63.789%（社会视角）的变异。5 个因素结构清晰，各项目均在相应的因素上具有较大载荷（见表 7 - 1 和 7 - 2）。

表 7－1　个人视角的风险认知问卷因素分析摘要

单位：%

	因素				
	致命伤害风险	健康风险	交通出行风险	减少寿命风险	意外风险
战争	0.871				
燃气爆炸	0.863				
枪击	0.863				
炸弹	0.860				
炸药	0.856				
恐怖袭击	0.852				
核泄漏	0.829				
吸毒	0.818				
核武器	0.805				
山体滑坡	0.798				
社会动荡	0.778				
台风	0.778				
水灾	0.754				
罪犯伤害	0.750				
骚乱	0.746				
毒气泄漏	0.737				
井下事故	0.736				
地震	0.657				
火灾	0.628				
蔬菜残留农药		0.812			
食品防腐剂		0.806			
手机辐射		0.769			
汽车尾气		0.684			
生活和工作压力		0.636			
杀虫剂		0.557			
转基因食品		0.547			
垃圾处理场		0.535			
抗生素		0.525			
化肥		0.519			
乘电梯			0.832		

续表

	因素				
	致命伤害风险	健康风险	交通出行风险	减少寿命风险	意外风险
乘飞机			0.825		
乘火车			0.811		
乘汽车			0.756		
步行过马路			0.652		
X射线				0.808	
（电器）电击				0.794	
癌症				0.710	
游泳					0.743
游乐场过山车					0.654
野狗					0.550
解释率	33.232	13.298	9.023	5.781	4.908

表7-2 社会视角的风险认知问卷因素分析摘要

单位：%

	因素				
	致命伤害风险	健康风险	交通出行风险	减少寿命风险	意外风险
战争	0.843				
恐怖袭击	0.840				
核泄漏	0.814				
炸药	0.808				
炸弹	0.799				
核武器	0.786				
台风	0.783				
枪击	0.782				
社会动荡	0.781				
水灾	0.770				
骚乱	0.760				
燃气爆炸	0.753				
毒气泄漏	0.747				
地震	0.717				
吸毒	0.662				

续表

	因素				
	致命伤害风险	健康风险	交通出行风险	减少寿命风险	意外风险
罪犯伤害	0.629				
山体滑坡	0.628				
火灾	0.612				
井下事故	0.534				
食品防腐剂		0.799			
蔬菜残留农药		0.766			
手机辐射		0.719			
化肥		0.646			
垃圾处理场		0.628			
杀虫剂		0.621			
抗生素		0.612			
生活和工作压力		0.611			
汽车尾气		0.600			
转基因食品		0.536			
乘飞机			0.861		
乘火车			0.850		
乘汽车			0.834		
乘电梯			0.769		
步行过马路			0.677		
（电器）电击				0.805	
X射线				0.785	
癌症				0.672	
游泳					0.689
游乐场过山车					0.689
野狗					0.591
解释率	27.696	14.595	9.650	6.127	5.721

　　维度一：大规模致命或严重伤害性风险，包括战争、燃气爆炸、枪击、炸弹、炸药、恐怖袭击、吸毒、毒气泄漏、核武器、地震、核泄漏、山体滑坡、社会动荡、台风、水灾、罪犯伤害、骚乱、井下事故、火灾19个项目。

维度二：健康风险，包括蔬菜残留农药、食品防腐剂、手机辐射、汽车尾气、生活和工作压力、杀虫剂、转基因食品、垃圾处理场、抗生素、化肥 10 个项目。

维度三：交通出行风险，包括乘电梯、乘飞机、乘火车、乘汽车、步行过马路 5 个项目。

维度四：减少寿命风险，包括 X 射线、（电器）电击、癌症 3 个项目。

维度五：意外风险，包括游泳、游乐场过山车、野狗 3 个项目。

本研究对问卷进行信度分析，得到 Cronbach α 系数为 0.972，分半信度为 0.752，证明该量表具有良好的内部一致性信度。

项目分析结果显示，在个人视角和社会视角下，问卷每一项目与总分的 Pearson 相关系数均呈现中等以上的显著相关关系，表明每一项目都有较好的区分度。这进一步说明了社会风险认知问卷的结构和内容是可以接受的。

二 个人和社会视角下的风险认知评价

根据问卷搜集的结果，本研究中参与风险认知调查的共 1144 人，每人对问卷中的五个维度共 40 个风险源的社会风险进行评价。由表 7 - 3 和 7 - 4 可知，不同维度的评价总分以及各条目的风险认知在个人视角和社会视角下有所不同。

表 7 - 3　个人和社会视角下对不同风险源的风险认知评价

维度	视角	
	个人 （$N = 1144$）	社会 （$N = 1144$）
致命伤害风险	89.05 ± 30.82	103.20 ± 22.51
健康风险	36.59 ± 10.12	39.02 ± 10.25
交通出行风险	15.27 ± 4.94	15.91 ± 5.82
减少寿命风险	12.98 ± 4.58	13.65 ± 3.90
意外风险	9.65 ± 3.72	9.41 ± 3.61
总分	163.55 ± 44.00	181.18 ± 35.16

表7-4 个人和社会视角下对不同风险源的风险认知评价

题目	个人	题目	社会
核泄漏	5.23 ± 2.22	战争	6.05 ± 1.59
毒气泄漏	5.11 ± 1.81	核泄漏	6.01 ± 1.54
战争	5.06 ± 2.21	核武器	5.84 ± 1.59
燃气爆炸	5.00 ± 1.91	恐怖袭击	5.75 ± 1.48
核武器	4.94 ± 2.24	地震	5.60 ± 1.49
恐怖袭击	4.78 ± 2.02	毒气泄漏	5.59 ± 1.52
地震	4.76 ± 1.72	社会动荡	5.58 ± 1.55
癌症	4.76 ± 1.97	吸毒	5.55 ± 1.49
炸药	4.74 ± 2.13	炸药	5.40 ± 1.61
炸弹	4.73 ± 2.11	炸弹	5.39 ± 1.63
枪击	4.69 ± 2.08	台风	5.39 ± 1.49
罪犯伤害	4.67 ± 1.80	骚乱	5.36 ± 1.58
火灾	4.62 ± 1.56	水灾	5.30 ± 1.46
吸毒	4.61 ± 2.28	燃气爆炸	5.25 ± 1.56
社会动荡	4.56 ± 1.82	罪犯伤害	5.25 ± 1.47
台风	4.36 ± 1.89	枪击	5.13 ± 1.63
骚乱	4.35 ± 1.77	癌症	5.09 ± 1.47
水灾	4.35 ± 1.74	井下事故	5.04 ± 1.58
（电器）电击	4.26 ± 1.70	火灾	5.02 ± 1.43
井下事故	4.24 ± 2.08	山体滑坡	4.70 ± 1.53
山体滑坡	4.24 ± 1.82	（电器）电击	4.34 ± 1.56
蔬菜残留农药	4.02 ± 1.39	X 射线	4.22 ± 1.50
X 射线	3.96 ± 1.61	垃圾处理场	4.15 ± 1.44
手机辐射	3.85 ± 1.39	生活和工作压力	4.13 ± 1.49
垃圾处理场	3.79 ± 1.51	汽车尾气	4.12 ± 1.39
生活和工作压力	3.78 ± 1.48	蔬菜残留农药	4.09 ± 1.42
食品防腐剂	3.74 ± 1.40	食品防腐剂	3.93 ± 1.42
汽车尾气	3.66 ± 1.32	抗生素	3.82 ± 1.41
抗生素	3.58 ± 1.39	手机辐射	3.81 ± 1.39
杀虫剂	3.56 ± 1.38	化肥	3.77 ± 1.41
野狗	3.52 ± 1.58	杀虫剂	3.67 ± 1.42

续表

题目	个人	题目	社会
步行过马路	3.38 ± 1.32	转基因食品	3.53 ± 1.48
化肥	3.37 ± 1.41	野狗	3.45 ± 1.46
转基因食品	3.26 ± 1.48	乘汽车	3.36 ± 1.39
乘汽车	3.22 ± 1.19	步行过马路	3.33 ± 1.43
游乐场过山车	3.18 ± 1.52	乘飞机	3.25 ± 1.37
乘飞机	3.10 ± 1.28	游乐场过山车	3.07 ± 1.40
游泳	2.95 ± 1.39	乘火车	3.02 ± 1.33
乘电梯	2.84 ± 1.14	乘电梯	2.95 ± 1.31
乘火车	2.73 ± 1.14	游泳	2.88 ± 1.36

三　影响风险认知评价的因素

（一）性别

调查结果（见表7-5）显示，男性和女性在风险认知评价上存在差异。总体上，无论是从个人视角看还是从社会视角看，在对不同类型的风险源评价的得分上，女性均高于男性。

表7-5　个人和社会视角下不同性别在不同类型风险源上的总分和平均值

维度		性别		t
		男（$N=538$）	女（$N=596$）	
个人视角	致命伤害风险	88.41 ± 30.57	89.98 ± 31.01	-0.86
	健康风险	35.20 ± 10.00	37.93 ± 10.02	-4.59***
	交通出行风险	14.76 ± 4.85	15.76 ± 4.98	-3.41**
	减少寿命风险	12.93 ± 4.66	13.09 ± 4.51	-0.60
	意外风险	9.33 ± 3.60	9.98 ± 3.79	-2.97**
	总分	160.63 ± 43.57	166.75 ± 44.10	-2.35*
社会视角	致命伤害风险	101.41 ± 23.26	105.21 ± 21.40	-2.85**
	健康风险	37.80 ± 9.84	40.19 ± 10.51	-3.96***

续表

维度		性别		t
		男（N = 538）	女（N = 596）	
社会视角	交通出行风险	15.17 ± 5.61	16.58 ± 5.96	-4.09***
	减少寿命风险	13.34 ± 4.04	13.94 ± 3.76	-2.57**
	意外风险	9.29 ± 3.70	9.52 ± 3.53	-1.04
	总分	177.01 ± 35.29	185.44 ± 34.51	-4.06***

*$p < 0.05$，**$p < 0.01$，***$p < 0.001$。

在个人视角下，在风险认知评价的总分以及健康风险、交通出行风险、意外风险的平均值上存在性别之间的显著差异，女性的风险认知评价显著高于男性（风险总分 $t = -2.35$，$p < 0.05$；健康风险 $t = -4.59$，$p < 0.001$；交通出行风险 $t = -3.41$，$p < 0.01$；意外风险 $t = -2.97$，$p < 0.01$）。

而在社会视角下，在风险认知评价的总分以及致命伤害风险、健康风险、交通出行风险、减少寿命风险的平均值上存在性别之间的显著差异，女性的风险认知评价显著高于男性（风险总分 $t = -4.06$，$p < 0.001$；致命伤害风险 $t = -2.85$，$p < 0.01$；健康风险 $t = -3.96$，$p < 0.001$；交通出行风险 $t = -4.09$，$p < 0.001$；减少寿命风险 $t = -2.57$，$p < 0.01$）。

（二）年龄

在问卷调查中，我们将被调查对象根据出生年份分为"70前"（1969年以前出生，参与调查时年龄 > 40 岁，共 138 人）、"70后"（1970～1979 年出生，参与调查时年龄在 30～39 岁，共 172 人）、"80后"（1980～1989 年出生，参与调查时年龄在 20～29 岁，共 612 人）、"90后"（1990～1999 年出生，参与调查时年龄在 10～19 岁，共 213 人）。

调查发现，不同年龄段的被调查对象对风险源进行评价的水平不同（见表 7-6）。在个人视角下，年龄层次在对交通出行风险、减少寿命风险的认知上存在主效应（交通出行 $F_{(3,1131)} = 3.46$，$p < 0.01$；减少寿命 $F_{(3,1131)} = 6.85$，$p < 0.001$）。经事后检验（LSD）可知，在交通风险认知上，"70后"居民的风险认知评价显著高于其他年龄组，而"70前"、"80后"和"90后"之间无显著差异；在减少寿命风险认知上，"80后"和"90后"居民的风险认知评价显著高于"70后"和"70前"居民。

而在社会视角下，年龄层次在对健康风险、减少寿命风险和意外风险的认知上存在主效应（健康 $F_{(3,1131)} = 2.74$，$p < 0.05$；减少寿命 $F_{(3,1131)} = 6.25$，$p < 0.001$；意外 $F_{(3,1131)} = 3.24$，$p < 0.05$）。经事后检验（LSD）可知，在健康风险认知上，"70后"和"90后"居民的风险认知评价显著高于"70前"的居民；在减少寿命风险认知和意外风险认知上，"70后"、"80后"和"90后"居民的风险认知评价显著高于"70前"的居民。

表7-6　个人和社会视角下不同年龄组在不同类型风险源上的总分和平均值

维度		年龄层次				F
		"70前"（$N = 138$）	"70后"（$N = 172$）	"80后"（$N = 612$）	"90后"（$N = 213$）	
个人视角	致命伤害风险	86.64 ± 32.80	89.51 ± 31.78	88.67 ± 30.46	91.20 ± 30.14	0.67
	健康风险	36.56 ± 11.71	37.97 ± 10.69	36.16 ± 9.55	36.82 ± 10.11	1.47
	交通出行风险	14.85 ± 5.39	16.34 ± 4.68	15.08 ± 4.88	15.11 ± 4.75	3.46 **
	减少寿命风险	11.99 ± 4.39	11.98 ± 4.40	13.34 ± 4.55	13.41 ± 4.78	6.85 ***
	意外风险	9.01 ± 4.33	9.68 ± 3.93	9.56 ± 3.52	10.26 ± 3.63	3.39
	总分	159.05 ± 47.90	165.48 ± 45.78	162.81 ± 43.04	166.80 ± 42.81	1.03
社会视角	致命伤害风险	100.26 ± 26.30	106.06 ± 20.04	102.83 ± 22.74	103.89 ± 21.06	1.83
	健康风险	37.33 ± 11.43	40.42 ± 10.32	38.77 ± 10.25	39.68 ± 9.33	2.74 *
	交通出行风险	15.08 ± 6.15	16.71 ± 5.67	15.87 ± 5.76	15.71 ± 5.76	2.12
	减少寿命风险	12.33 ± 3.93	13.82 ± 3.90	13.79 ± 3.87	13.99 ± 3.83	6.25 ***
	意外风险	8.67 ± 3.99	9.93 ± 3.77	9.36 ± 3.55	9.52 ± 3.37	3.24 *
	总分	173.66 ± 41.55	186.95 ± 32.74	180.61 ± 35.34	182.79 ± 31.40	3.86

$^*p < 0.05$，$^{**}p < 0.01$，$^{***}p < 0.001$。

（三）受教育程度

在问卷调查中，我们将被调查对象根据受教育程度分为初中及以下学历（57 人）、高中学历（124 人）、专科学历（167 人）、本科学历（625 人）、研究生学历（161 人）。

调查发现，不同受教育程度的被调查对象对风险源认知的评价不存在显著差异（见表 7 - 7）。

表 7 - 7　个人和社会视角下不同受教育程度的被调查对象在不同类型风险源上的总分和平均值

维度		受教育程度					F
		初中及以下 （$N=57$）	高中 （$N=124$）	专科 （$N=167$）	本科 （$N=625$）	研究生 （$N=161$）	
个人视角	致命伤害风险	89.75 ± 31.65	93.07 ± 30.80	86.75 ± 31.15	89.04 ± 30.74	87.88 ± 30.85	0.82
	健康风险	35.37 ± 9.98	37.88 ± 11.90	36.11 ± 10.44	36.31 ± 9.76	37.78 ± 9.74	1.47
	交通出行风险	15.80 ± 5.22	15.30 ± 5.36	15.31 ± 4.81	15.16 ± 4.76	15.38 ± 5.36	0.27
	减少寿命风险	11.44 ± 4.89	12.80 ± 4.42	12.84 ± 4.36	13.09 ± 4.68	13.28 ± 4.42	1.97
	意外风险	10.19 ± 4.27	10.20 ± 4.39	9.11 ± 3.61	9.69 ± 3.62	9.38 ± 3.40	2.09
	总分	162.54 ± 46.21	169.26 ± 48.23	160.13 ± 44.95	163.30 ± 43.20	163.70 ± 42.21	0.73
社会视角	致命伤害风险	102.11 ± 24.30	102.94 ± 24.37	101.05 ± 23.61	103.39 ± 21.85	105.16 ± 22.12	1.42
	健康风险	38.61 ± 10.03	38.34 ± 12.18	37.92 ± 10.30	39.27 ± 9.78	40.36 ± 10.23	0.15
	交通出行风险	15.98 ± 5.76	16.16 ± 6.39	16.15 ± 6.24	15.86 ± 5.59	15.79 ± 5.91	0.56
	减少寿命风险	13.25 ± 4.47	13.62 ± 4.08	13.36 ± 4.04	13.72 ± 3.77	13.88 ± 3.81	2.57
	意外风险	10.23 ± 4.20	10.14 ± 3.88	9.32 ± 3.92	9.31 ± 3.39	9.05 ± 3.55	0.79
	总分	180.18 ± 36.90	181.19 ± 41.74	177.79 ± 37.99	181.55 ± 33.13	184.23 ± 33.94	0.71

（四）身份

在本研究中，大学生共有 602 人，市民共 542 人。结果（见表 7 – 8）显示，大学生和市民在交通出行风险认知评价上存在差异。在个人视角下，在健康风险和交通出行风险上，市民的风险认知水平显著高于大学生（健康风险 $t = -2.17$，$p < 0.05$；交通出行风险 $t = -2.91$，$p < 0.01$），而大学生对减少寿命风险的认知水平高于市民（$t = -2.14$，$p < 0.05$）。在社会视角下，大学生对交通出行风险的认知水平显著高于市民（$t = 2.30$，$p < 0.05$）。

表 7 – 8　个人和社会视角下大学生和市民在不同类型风险源上的
总分和平均值

维度		居民身份		t
		大学生（$N = 602$）	市民（$N = 542$）	
个人视角	致命伤害风险	88.67 ± 30.41	89.47 ± 31.30	-0.44
	健康风险	35.97 ± 9.07	37.28 ± 11.14	-2.17^*
	交通出行风险	14.87 ± 4.69	15.71 ± 5.16	-2.91^{**}
	减少寿命风险	13.25 ± 4.69	12.68 ± 4.44	-2.14^*
	意外风险	9.76 ± 3.44	9.53 ± 4.01	1.05
	总分	162.53 ± 41.94	164.68 ± 46.20	-0.59
社会视角	致命伤害风险	102.82 ± 21.65	103.61 ± 23.43	0.50
	健康风险	39.16 ± 9.33	38.86 ± 11.20	-2.01
	交通出行风险	15.58 ± 5.47	16.28 ± 6.18	2.30^*
	减少寿命风险	13.90 ± 3.78	13.37 ± 4.00	-0.47^*
	意外风险	9.36 ± 3.31	9.46 ± 3.91	-0.82
	总分	180.83 ± 32.29	181.58 ± 38.13	-0.36

$^* p < 0.05$，$^{**} p < 0.01$，$^{***} p < 0.001$。

（五）地域

本研究覆盖了北京（314 人）、南京（283 人）、重庆（267 人）和厦门（280 人）四个城市的人群。经过方差分析可知，在个人视角下，居民来源对意外伤害风险存在主效应（$F_{(3,1131)} = 6.80$，$p < 0.001$）；在社会视

角下，致命伤害风险和健康风险存在主效应（致命 $F_{(3,1131)} = 2.93$，$p < 0.05$；健康 $F_{(3,1131)} = 3.77$，$p < 0.01$）。其他维度及总分地域的主效应均不显著。

经事后检验（LSD）可知，如表 7 - 9 所示，对于意外伤害的个人视角下的风险认知评价，北京地区的居民显著低于南京（$p < 0.01$）和厦门（$p < 0.001$）地区的居民，重庆地区的居民显著低于厦门地区的居民（$p < 0.05$）。对于致命伤害风险的社会视角下的风险认知评价，北京地区

表 7 - 9　个人和社会视角下不同城市居民在不同类型风险源上的
总分和平均值

维度		来源地区				F
		北京 （$N = 314$）	南京 （$N = 283$）	重庆 （$N = 267$）	厦门 （$N = 280$）	
个人视角	致命伤害风险	87.74 ± 29.61	90.29 ± 32.07	88.27 ± 31.53	90.01 ± 30.27	0.49
	健康风险	36.13 ± 9.72	36.54 ± 10.85	36.30 ± 9.33	37.45 ± 10.52	0.97
	交通出行风险	15.09 ± 5.70	15.04 ± 4.71	15.40 ± 4.21	15.58 ± 4.87	0.78
	减少寿命风险	13.46 ± 4.47	13.39 ± 4.87	11.67 ± 4.18	13.28 ± 4.57	9.87
	意外风险	8.97 ± 3.54	9.91 ± 3.93	9.52 ± 3.59	10.27 ± 3.71	6.80 ***
	总分	161.39 ± 41.22	165.17 ± 46.86	161.16 ± 42.98	166.59 ± 44.98	1.09
社会视角	致命伤害风险	100.70 ± 22.91	105.44 ± 22.15	104.85 ± 20.61	102.15 ± 23.87	2.93 *
	健康风险	37.92 ± 10.64	39.80 ± 10.41	38.18 ± 9.31	40.27 ± 10.35	3.77 **
	交通出行风险	15.48 ± 6.52	16.03 ± 5.93	15.64 ± 4.88	16.55 ± 5.68	1.93
	减少寿命风险	13.00 ± 4.09	14.32 ± 3.96	13.50 ± 3.44	13.83 ± 3.91	6.16
	意外风险	8.93 ± 3.91	9.84 ± 3.56	8.90 ± 3.29	9.98 ± 3.47	7.49
	总分	176.02 ± 36.11	185.43 ± 35.92	181.07 ± 30.55	182.78 ± 36.85	3.86

* $p < 0.05$，** $p < 0.01$，*** $p < 0.001$。

的居民显著低于南京（$p < 0.05$）和重庆（$p < 0.05$）地区的居民。对于健康风险的社会视角下的风险认知评价，北京地区的居民显著低于南京（$p < 0.01$）和厦门地区的居民（$p < 0.05$），重庆地区的居民显著低于厦门地区的居民（$p < 0.05$）。

（六）经济状况

调查问卷要求被调查者对自己或家庭的经济状况进行自我分级，分为"高"（92 人）、"中等"（594 人）和"低"（449 人）三类。

经过方差分析可知，在个人视角下，经济状况对健康风险、意外风险存在主效应（健康 $F_{(3,1131)} = 4.80$，$p < 0.01$；意外 $F_{(3,1131)} = 7.92$，$p < 0.001$）；在社会视角下，致命伤害风险、健康风险和总体认知存在主效应（致命 $F_{(3,1131)} = 4.45$，$p < 0.05$；健康 $F_{(3,1131)} = 3.14$，$p < 0.05$；总分 $F_{(3,1131)} = 5.17$，$p < 0.01$）。其他维度及总分经济状况的主效应均不显著。

经事后检验（LSD）可知，如表 7 – 10 所示，在所有维度和总体水平上，收入水平高的人群对不同类型的风险源评价均低于中等和低收入人群。在个人视角下，对于健康风险的认知评价，低收入人群显著高于中等（$p < 0.05$）和高收入人群（$p < 0.05$）；对于意外风险的认知评价，低收入人群和中等收入人群显著高于高收入人群（低收入 $p < 0.01$，中等收入 $p < 0.001$）。在社会视角下，对于致命伤害风险的风险认知评价，低收入人群和中等收入人群显著高于高收入人群（低收入 $p < 0.01$，中等收入 $p < 0.01$）；对于社会风险的总体认知，低收入人群显著高于高收入人群（$p < 0.05$）；对补充风险类型的风险认知，低收入人群和中等收入人群显著高于高收入人群（低收入 $p < 0.01$；中等收入 $p < 0.05$）。

表 7 – 10　个人和社会视角下不同收入水平人群在不同类型风险源上的
总分和平均值

维度		收入水平			F
		高（$N = 92$）	中等（$N = 594$）	低（$N = 449$）	
个人视角	致命伤害风险	85.18 ± 30.32	89.12 ± 30.60	90.09 ± 31.03	0.98
	健康风险	34.75 ± 10.66	36.11 ± 10.03	37.67 ± 9.99	4.80**

维度		收入水平			F
		高 （N=92）	中等 （N=594）	低 （N=449）	
个人视角	交通出行风险	14.24 ± 5.44	15.18 ± 4.64	15.67 ± 5.17	3.54
	减少寿命风险	12.91 ± 4.72	12.91 ± 4.63	13.15 ± 4.46	0.38
	意外风险	8.28 ± 3.62	9.67 ± 3.53	9.96 ± 3.91	7.92***
	总分	155.36 ± 42.89	162.99 ± 43.88	166.54 ± 43.92	2.68
社会视角	致命伤害风险	96.87 ± 25.09	103.59 ± 21.31	104.38 ± 22.66	4.45*
	健康风险	37.25 ± 10.55	38.74 ± 9.89	39.87 ± 10.51	3.14*
	交通出行风险	15.42 ± 5.72	15.83 ± 5.66	16.17 ± 6.10	0.83
	减少寿命风险	13.01 ± 4.23	13.64 ± 3.78	13.84 ± 3.92	1.80
	意外风险	8.75 ± 3.71	9.29 ± 3.34	9.74 ± 3.88	3.78
	总分	171.30 ± 35.25	181.10 ± 33.19	184.01 ± 36.63	5.17**

*$p < 0.05$，**$p < 0.01$，***$p < 0.001$。

（七）风险经历

1. 炒股

经统计分析，由表7-11可知，炒股经历在股市下跌风险的个人视角的风险评价程度上存在显著差异（$F_{(2,1116)} = 23.22$，$p < 0.001$）。经事后检验（LSD）可知，从未炒股、曾经炒股和经常炒股两两之间呈现显著差异。从未炒股的人群对股市风险的评价最低，显著低于曾经炒股的人群

表7-11 个人和社会视角下不同炒股经历者对于股市下跌和
经济危机风险评价的平均值

维度		炒股经历			F
		从未炒股 （N=863）	曾经炒股 （N=196）	经常炒股 （N=72）	
个人视角	股市下跌风险	2.96 ± 1.72	3.56 ± 1.74	4.15 ± 1.68	23.22***
	经济危机风险	4.03 ± 1.58	4.05 ± 1.62	4.28 ± 1.55	0.80
社会视角	股市下跌风险	4.73 ± 1.56	4.62 ± 1.49	4.94 ± 1.41	1.16
	经济危机风险	5.39 ± 1.51	5.19 ± 1.56	5.61 ± 1.35	2.38

*$p < 0.05$，**$p < 0.01$，***$p < 0.001$。

（$p < 0.001$）和经常炒股的人群（$p < 0.05$），曾经炒股的人群对股市下跌的风险评价显著低于经常炒股的人群（$p < 0.001$）。

炒股经历在社会视角的股市下跌风险以及个人和社会视角下的经济危机风险的认知上并无显著差异。

2. 驾驶汽车

经统计分析，由表7-12可知，驾驶经历在交通事故风险和摄像头的社会风险评价上存在显著差异（交通事故 $F_{(2,1123)} = 3.74$，$p < 0.05$；摄像头 $F_{(2,1121)} = 3.41$，$p < 0.05$）。经事后检验（LSD）可知，对于交通事故的风险评价，经常开车的人群显著低于很少开车（$p < 0.05$）和不会开车的人群（$p < 0.01$）；对于摄像头的风险评价，经常开车的人群显著低于不会开车的人群（$p < 0.05$）。

驾驶经历在个人视角下的交通事故和摄像头风险以及个人、社会视角下的驾驶汽车风险的认知上并无显著差异。

表7-12 个人和社会视角下不同驾驶经历者对驾驶汽车、交通事故和摄像头风险评价的平均值

维度		驾驶经历			F
		不会开车（$N = 762$）	很少开车（$N = 237$）	经常开车（$N = 139$）	
个人视角	驾驶汽车风险	3.43 ± 1.46	3.59 ± 1.29	3.45 ± 1.44	1.25
	交通事故风险	4.74 ± 1.47	4.80 ± 1.48	4.63 ± 1.50	0.57
	摄像头风险	3.27 ± 1.50	3.12 ± 1.41	3.03 ± 1.52	2.00
社会视角	驾驶汽车风险	3.68 ± 1.38	3.68 ± 1.43	3.47 ± 1.56	1.23
	交通事故风险	4.85 ± 1.37	4.82 ± 1.41	4.50 ± 1.49	3.74^{*}
	摄像头风险	3.55 ± 1.52	3.44 ± 1.52	3.19 ± 1.56	3.41^{*}

$^{*} p < 0.05$，$^{**} p < 0.01$，$^{***} p < 0.001$。

3. 吸烟

经独立样本差异检验，由表7-13可知，吸烟者与不吸烟者对于吸烟行为的个人和社会风险认知存在显著不同。在个人和社会视角下，吸烟者对吸烟的风险评价均显著低于不吸烟者（个人 $t = -2.85$，$p < 0.01$；社会 $t = -0.34$，$p < 0.001$）。

表 7 - 13　个人和社会视角下吸烟者和不吸烟者对吸烟风险评价的平均值

维度	是否吸烟		t
	是（$N=210$）	否（$N=929$）	
个人视角	3.40 ± 1.47	3.73 ± 1.74	-2.85^{**}
社会视角	3.70 ± 1.66	4.23 ± 1.53	-0.34^{***}

$^{*} p < 0.05, ^{**} p < 0.01, ^{***} p < 0.001$。

4. 住院手术

经独立样本差异检验，由表 7 - 14 可知，有无住院手术经历对个人和社会视角下对于接受手术、接受输血风险认知的影响在统计学上并无显著差异。

表 7 - 14　个人和社会视角下有无住院手术经历对手术和输血风险
评价的平均值

维度		住院手术经历		t
		有（$N=205$）	没有（$N=929$）	
个人视角	接受手术风险	3.93 ± 1.38	3.82 ± 1.41	0.99
	接受输血风险	3.88 ± 1.51	3.68 ± 1.46	1.73
社会视角	接受手术风险	3.48 ± 1.46	3.55 ± 1.37	0.11
	接受输血风险	3.47 ± 1.46	3.57 ± 1.44	0.11

5. 火灾

经独立样本差异检验，由表 7 - 15 可知，经受火灾与否对于火灾的社会风险认知评价存在显著不同，经历火灾者的风险评价显著低于未经历火灾者（$t = -1.99$，$p < 0.05$）。

表 7 - 15　个人和社会视角下有无火灾经历对爆竹、火灾风险
评价的平均值

维度		是否有火灾经历		t
		是（$N=96$）	否（$N=1032$）	
个人视角	爆竹风险	3.55 ± 1.41	3.71 ± 1.44	-1.04
	火灾风险	4.65 ± 1.47	4.61 ± 1.57	0.19

续表

维度		是否有火灾经历		t
		是（$N=96$）	否（$N=1032$）	
社会视角	爆竹风险	4.14 ± 1.56	4.73 ± 1.47	-1.29
	火灾风险	4.34 ± 1.45	5.04 ± 1.44	-1.99^{*}

$^{*} p < 0.05，^{**} p < 0.01，^{***} p < 0.001。$

6. 地震

经独立样本差异检验，由表 7 - 16 可知，有无地震经历对个人和社会视角下对于地震、山体滑坡风险认知的影响在统计学上并无显著差异。

表 7 - 16   个人和社会视角下有无地震经历对地震和山体滑坡风险评价的平均值

维度		是否有地震经历		t
		是（$N=313$）	否（$N=813$）	
个人视角	地震风险	4.83 ± 1.56	5.67 ± 1.50	0.90
	山体滑坡风险	4.29 ± 1.77	4.63 ± 1.56	0.51
社会视角	地震风险	4.74 ± 1.78	5.57 ± 1.50	1.05
	山体滑坡风险	4.22 ± 1.84	4.72 ± 1.54	-0.87

7. 交通事故

经独立样本差异检验，由表 7 - 17 可知，有无交通事故经历对个人和社会视角下对于交通事故风险认知的影响在统计学上并无显著差异。

表 7 - 17   个人和社会视角下有无交通事故经历对交通事故风险评价的平均值

维度	是否有交通事故经历		t
	是（$N=365$）	否（$N=775$）	
个人视角	4.75 ± 1.51	4.74 ± 1.47	0.19
社会视角	4.78 ± 1.38	4.81 ± 1.41	-0.29

8. 罪犯伤害

经独立样本差异检验，由表 7 - 18 可知，有无罪犯伤害经历对个人和社会视角下对于罪犯伤害风险认知的影响在统计学上并无显著差异。

表7-18　个人和社会视角下有无罪犯伤害经历对罪犯伤害风险评价的平均值

维度	是否有罪犯伤害经历		t
	是（N = 59）	否（N = 1083）	
个人视角	4.98 ± 1.82	4.66 ± 1.80	1.36
社会视角	5.31 ± 1.69	5.24 ± 1.47	0.30

9. 癌症

经独立样本差异检验，由表7-19可知，患癌症者和未患癌症者对于接受手术和输血的社会风险认知存在显著不同。在社会视角下，癌症患者对接受手术和接受输血的风险认知显著高于非癌症患者（手术 $t = 2.66$，$p < 0.01$；输血 $t = 2.06$，$p < 0.05$）。另外，社会视角下对癌症的风险认知，个人视角下对癌症、接受手术和接受输血的风险认知在有无患癌症上无显著差异。

表7-19　个人和社会视角下是否罹患癌症对癌症、手术和
输血风险评价的平均值

维度		是否罹患癌症		t
		是（N = 96）	否（N = 1032）	
个人视角	癌症风险	5.05 ± 2.11	4.75 ± 1.97	0.67
	接受手术风险	4.67 ± 1.43	3.82 ± 1.40	2.75
	接受输血风险	4.76 ± 1.64	3.69 ± 1.46	3.31
社会视角	癌症风险	5.10 ± 1.97	5.09 ± 1.47	0.01
	接受手术风险	4.33 ± 1.65	3.52 ± 1.38	2.66**
	接受输血风险	4.19 ± 1.75	3.54 ± 1.43	2.06*

* $p < 0.05$，** $p < 0.01$，*** $p < 0.001$。

（八）工作危险性

问卷调查要求被调查者对自己工作场所的危险性进行评价，分为"完全没有危险"（290人）、"基本没有危险"（567人）、"有一定危险"（221人）、"比较危险"（27人）和"非常危险"（18人）。归入不同等级的被调查者在风险源评价上存在显著差异：在个人视角下，对健康风险和总体风险的认知，不同人群存在显著差异（健康 $F_{(4,1118)} = 8.52$，$p <$

0.001；总分 $F_{(4,1118)}=1.52$，$p<0.01$）；在社会视角下，对健康、交通出行和总体的风险认知存在显著差异（健康 $F_{(4,1118)}=3.44$，$p<0.01$；交通出行 $F_{(4,1118)}=0.86$，$p<0.01$；总分 $F_{(4,1118)}=4.03$，$p<0.01$）。

如表 7-20 所示，经事后检验（LSD）可知，对于健康风险的个人风险认知，工作完全没有危险的人最低，显著低于工作基本没有危险（$p<0.05$）、有一定危险（$p<0.001$）和非常有危险（$p<0.05$）的人群。另外，认为工作基本没有危险的人群的认知评价显著低于认为工作有一定

表 7-20　个人和社会视角下不同工作的危险性在不同类型
风险源上的总分和平均值

维度		工作危险性					F
		完全没有危险 ($N=290$)	基本没有危险 ($N=567$)	有一定危险 ($N=221$)	比较危险 ($N=27$)	非常危险 ($N=18$)	
个人视角	致命伤害风险	86.81 ± 32.17	89.12 ± 30.05	92.27 ± 31.00	90.70 ± 25.94	95.84 ± 30.25	1.22
	健康风险	34.79 ± 10.16	36.33 ± 9.56	39.80 ± 10.76	37.26 ± 10.88	39.61 ± 10.48	8.52^{***}
	交通出行风险	14.66 ± 5.13	15.05 ± 4.52	16.29 ± 5.22	16.81 ± 5.64	18.89 ± 6.75	6.97
	减少寿命风险	12.60 ± 5.02	13.13 ± 4.44	13.19 ± 4.37	13.78 ± 3.76	13.22 ± 4.73	0.97
	意外风险	9.39 ± 3.68	9.60 ± 3.60	10.11 ± 3.94	9.81 ± 4.05	10.72 ± 4.68	1.61
	总分	158.25 ± 45.49	163.24 ± 42.24	171.67 ± 45.43	168.37 ± 38.48	178.28 ± 42.75	1.52^{**}
社会视角	致命伤害风险	100.93 ± 23.87	103.78 ± 21.38	105.45 ± 23.23	100.19 ± 19.58	104.24 ± 22.83	4.54
	健康风险	37.61 ± 10.37	39.28 ± 9.83	41.01 ± 10.99	35.56 ± 8.40	41.06 ± 9.75	3.44^{**}
	交通出行风险	15.24 ± 6.00	15.92 ± 5.53	17.04 ± 6.35	14.59 ± 5.63	15.44 ± 4.93	0.86^{**}
	减少寿命风险	13.55 ± 4.17	13.67 ± 3.75	13.98 ± 3.87	12.70 ± 3.72	13.33 ± 4.79	5.41
	意外风险	8.98 ± 3.42	9.40 ± 3.46	10.19 ± 4.03	7.93 ± 2.88	10.72 ± 4.79	3.55
	总分	176.30 ± 36.80	182.05 ± 32.81	187.67 ± 38.17	170.96 ± 28.39	184.80 ± 31.29	4.03^{**}

$^{*}p<0.05$，$^{**}p<0.01$，$^{***}p<0.001$。

危险（$p < 0.001$）的人群。对于健康风险的社会风险认知，工作完全没有危险的人最低，显著低于工作基本没有危险（$p < 0.05$）、有一定危险（$p < 0.001$）的人群。另外，认为工作基本没有危险和比较危险的人群的认知评价显著低于认为工作有一定危险（$p < 0.05$ 和 $p < 0.01$）的人群。对交通出行风险的社会风险认知，工作完全没有危险的人最低，显著低于工作有一定危险（$p < 0.01$）的人群。另外，认为工作基本没有危险和比较危险的人群的认知评价显著低于认为工作有一定危险（有一定 $p < 0.05$，比较危险 $p < 0.05$）的人群。

在个人视角下，认为工作完全没有危险和基本没有危险的人群对总体风险认知显著低于认为工作有一定危险的人群（$p < 0.01$ 和 $p < 0.05$）。在社会视角下，认为工作完全没有危险的人群对社会总体风险的认知显著低于认为工作基本没有危险的人群和有一定危险的人群（$p < 0.01$ 和 $p < 0.05$），对个人总体风险认知显著低于认为工作有一定危险的人群（$p < 0.05$ 和 $p < 0.001$），认为工作基本没有危险或比较危险的人群的评价显著低于认为工作有一定危险的人群（$p < 0.05$ 和 $p < 0.05$）。

四 不同视角下的社会风险认知评价差异

（一）个人 – 社会视角下对风险源的认知评价偏差

由上述分析可知，对于相同风险来源的认知评价，个人和社会不同视角下个体会做出不同的判断。对个人和社会视角下各个风险维度的总分进行独立样本差异性检验，结果如表 7 – 21 所示，个人认为致命伤害风险、健康风险、交通出行风险、减少寿命风险对社会造成的风险显著高于对个人造成的风险，而意外伤害风险造成的社会认知则显著低于对个人造成的风险。

表 7 – 21 个人 – 社会视角下对不同维度风险源认知的平均值差异

维度	视角		t
	个人（$N = 1144$）	社会（$N = 1144$）	
致命伤害风险	89.05 ± 30.82	103.20 ± 22.51	– 19.29 ***

维度	视角		t
	个人（N = 1144）	社会（N = 1144）	
健康风险	36.59 ± 10.12	39.02 ± 10.25	− 9.35***
交通出行风险	15.27 ± 4.93	15.91 ± 5.82	− 4.13***
减少寿命风险	12.98 ± 4.58	13.65 ± 3.89	− 4.67***
意外风险	9.65 ± 3.72	9.41 ± 3.61	2.26*

（二）影响个人 – 社会视角下公共风险认知偏差的因素

1. 性别

调查结果（见表 7 – 22）显示，男性和女性在对意外风险的个人 – 社会风险认知的偏差上存在差异，女性显著高于男性（$t = − 1.97$，$p < 0.05$）。即女性认为"意外风险对个人造成的风险高于对社会造成的风险"认知显著高于男性。

表 7 – 22　性别在不同类型风险上的个人 – 社会风险认知差异

维度	性别		t
	男（N = 538）	女（N = 596）	
致命伤害风险	− 13.00 ± 24.00	− 15.23 ± 25.42	1.52
健康风险	− 2.60 ± 8.82	− 2.26 ± 8.77	− 0.65
交通出行风险	− 0.40 ± 5.32	− 0.82 ± 5.21	1.33
减少寿命风险	− 0.42 ± 4.98	− 0.85 ± 4.68	1.50
意外风险	0.04 ± 3.76	0.47 ± 3.58	− 1.97*

* $p < 0.05$，** $p < 0.01$，*** $p < 0.001$。

2. 年龄

调查发现，不同年龄组对个人 – 社会视角风险认知的偏差在减少寿命风险和意外风险上存在显著差异（减少寿命 $F_{(3,1131)} = 5.34$，$p < 0.001$；意外 $F_{(3,1131)} = 3.51$，$p < 0.05$）。经事后检验（LSD）可知，在减少寿命风险认知上，"80 后"的认知差异显著低于"70 前"（$p < 0.05$）、"70后"（$p < 0.001$）和"90后"（$p < 0.01$）。在意外风险认知上，"70 前"

的认知差异显著高于"70后"（$p < 0.05$）和"80后"（$p < 0.01$）。

表 7 – 23   不同年龄组在不同类型风险上的个人 – 社会风险认知差异

维度	年龄层次				F
	"70 前" （$N = 138$）	"70 后" （$N = 172$）	"80 后" （$N = 612$）	"90 后" （$N = 213$）	
致命伤害风险	– 13.14 ± 24.33	– 14.30 ± 24.85	– 17.31 ± 27.71	– 12.68 ± 22.43	1.23
健康风险	– 2.79 ± 8.74	– 2.59 ± 8.58	– 2.54 ± 9.80	– 0.54 ± 8.14	2.27
交通出行风险	– 0.65 ± 5.47	– 0.77 ± 5.13	– 0.48 ± 5.01	– 0.17 ± 5.33	0.50
减少寿命风险	– 0.53 ± 4.86	– 0.44 ± 4.65	– 2.04 ± 4.99	– 0.18 ± 4.96	5.34 ***
意外风险	0.67 ± 3.51	0.09 ± 3.89	– 0.37 ± 3.70	0.42 ± 3.16	3.51 *

$^*p < 0.05$，$^{**}p < 0.01$，$^{***}p < 0.001$。

3. 受教育程度

受教育程度对个人 – 社会视角下风险认知造成的偏差在健康风险上存在显著差异（健康 $F_{(4,1127)} = 2.49$，$p < 0.05$）。经事后检验（LSD）可知，高中学历人群的认知差异显著高于初中及以下人群（$p < 0.05$）、本科生（$p < 0.01$）和研究生（$p < 0.05$）。

表 7 – 24   受教育程度在不同类型风险上的个人 – 社会风险认知差异

维度	受教育程度					F
	初中及以下 （$N = 57$）	高中 （$N = 124$）	专科 （$N = 167$）	本科 （$N = 625$）	研究生 （$N = 161$）	
致命伤害风险	– 12.36 ± 24.56	– 9.87 ± 22.59	– 14.30 ± 25.68	– 14.35 ± 24.76	– 17.28 ± 25.80	1.64
健康风险	– 3.24 ± 10.06	– 0.45 ± 9.38	– 1.81 ± 9.25	– 2.96 ± 8.58	– 2.58 ± 7.86	2.49 *
交通出行风险	– 0.18 ± 4.73	– 0.86 ± 4.99	– 0.84 ± 5.45	– 0.70 ± 5.32	– 0.41 ± 5.11	0.31
减少寿命风险	– 1.81 ± 6.09	– 0.82 ± 4.38	– 0.52 ± 4.60	– 0.62 ± 4.89	– 0.59 ± 4.55	0.90
意外风险	– 0.04 ± 4.09	0.06 ± 3.69	– 0.21 ± 3.55	0.38 ± 3.74	0.33 ± 3.35	1.03

$^*p < 0.05$，$^{**}p < 0.01$，$^{***}p < 0.001$。

4. 地域

由表 7 – 25 可知，经过方差分析，不同城市居民对于减少寿命风险的个人 – 社会风险认知评价偏差存在显著差异（$F_{(3,1140)} = 11.70$，$p < 0.001$）。经事后检验（LSD）可知，对于减少寿命风险的个人 – 社会角

度的风险评价存在差异，北京地区居民的评价为正数，且显著高于厦门（$p < 0.01$）、重庆（$p < 0.001$）和南京（$p < 0.001$）地区的居民；同时，重庆地区居民的差值显著低于厦门（$p < 0.05$）和南京（$p < 0.05$）地区的居民。

表 7 - 25　不同城市居民在不同类型风险上的个人 - 社会风险认知差异

维度	来源地区				F
	北京 （$N = 314$）	南京 （$N = 283$）	重庆 （$N = 267$）	厦门 （$N = 280$）	
致命伤害风险	- 12.96 ± 26.36	- 15.15 ± 26.17	- 16.58 ± 24.15	- 12.14 ± 21.92	1.87
健康风险	- 1.79 ± 8.84	- 3.26 ± 8.43	- 1.88 ± 8.65	- 2.82 ± 9.10	1.95
交通出行风险	- 0.39 ± 5.39	- 1.00 ± 5.29	- 0.24 ± 4.91	- 0.97 ± 5.46	1.55
减少寿命风险	0.47 ± 5.02	- 0.93 ± 4.61	- 1.84 ± 4.74	- 0.55 ± 4.60	11.70 ***
意外风险	0.04 ± 3.29	0.07 ± 3.94	0.62 ± 3.51	0.29 ± 3.94	1.48

 * $p < 0.05$, ** $p < 0.01$, *** $p < 0.001$。

5. 经济状况

由表 7 - 26 可知，经过方差分析，不同收入水平的个体对于风险的个人 - 社会视角认知偏差并无显著差异。

表 7 - 26　不同收入水平人群在不同类型风险上的个人 - 社会风险认知差异

维度	收入水平			F
	高（$N = 92$）	中等（$N = 594$）	低（$N = 449$）	
致命伤害风险	- 11.69 ± 24.47	- 14.47 ± 25.09	- 14.30 ± 24.62	0.51
健康风险	- 2.50 ± 8.65	- 2.63 ± 8.95	- 2.19 ± 8.60	0.32
交通出行风险	- 1.18 ± 5.85	- 0.64 ± 5.32	- 0.51 ± 5.11	0.62
减少寿命风险	- 0.10 ± 5.41	- 0.74 ± 4.75	- 0.69 ± 4.83	0.70
意外风险	- 0.47 ± 3.41	0.38 ± 3.64	0.22 ± 3.79	2.11

6. 风险经历

（1）炒股

经统计分析，由表 7 - 27 可知，炒股经历对于股市下跌和经济危机在个人 - 社会视角下的风险认知评价偏差并无显著差异，有不同炒股经历的个人均认为股市下跌和经济危机对个人造成的风险低于对社会造成的风险。

表 7 - 27 炒股经历在股市下跌和经济危机风险上的个人 - 社会风险认知差异

维度	炒股经历			F
	从未炒股 （N = 863）	曾经炒股 （N = 196）	经常炒股 （N = 72）	
股市下跌风险	- 1.78 ± 2.01	- 1.08 ± 1.84	- 0.77 ± 1.49	16.77
经济危机风险	- 1.36 ± 1.79	- 1.17 ± 1.75	- 1.35 ± 1.64	0.91

（2）驾驶汽车

经统计分析，由表 7 - 28 可知，不同驾驶经历者对于驾驶汽车和交通事故在个人 - 社会视角下的风险认知评价偏差并无显著差异。

表 7 - 28 不同驾驶经历者在驾驶汽车和交通事故风险上的个人 -
社会风险认知差异

维度	驾驶经历			F
	不会开车（N = 762）	很少开车（N = 237）	经常开车（N = 139）	
驾驶汽车风险	- 0.26 ± 1.68	- 0.08 ± 1.43	- 0.20 ± 1.60	1.78
交通事故风险	- 0.12 ± 1.58	0.00 ± 1.58	0.14 ± 1.98	1.71

（3）吸烟

经统计分析，由表 7 - 29 可知，吸烟者和不吸烟者对于吸烟的个人 - 社会风险认知评价偏差并无显著差异。

表 7 - 29 吸烟者和不吸烟者在吸烟风险上的个人 - 社会风险认知差异

维度	是否吸烟		t
	是（N = 210）	否（N = 929）	
吸烟风险	- 0.29 ± 1.74	- 0.52 ± 1.91	1.58

（4）住院手术

经统计分析，由表 7 - 30 可知，住院手术经历对于接受输血的个人 - 社会风险认知评价偏差存在显著差异（$t = 2.31$，$p < 0.05$），经历过住院手术者的个人 - 社会风险认知偏差高于未经历住院手术的人。另外，服西药经历对于接受输血的个人 - 社会风险认知评价偏差存在边缘显著差异（$t = 1.95$，$p = 0.052$）。住院手术经历在服中药和接受手术的评价偏

差上无显著差异。

表 7 - 30　有无住院手术经历在相关风险上的个人 -
社会风险认知差异

维度	住院手术经历		t
	有（N = 202）	没有（N = 916）	
服西药风险	0.13 ± 1.24	- 0.06 ± 1.32	1.95
服中药风险	- 0.02 ± 1.11	- 0.10 ± 1.23	0.83
接受手术风险	0.45 ± 1.53	0.26 ± 1.66	1.48
接受输血风险	0.40 ± 1.55	0.12 ± 1.58	2.31 *

* $p < 0.05$, ** $p < 0.01$, *** $p < 0.001$。

（5）火灾

经统计分析，由表 7 - 31 可知，是否经历火灾对于火灾风险的个人 - 社会风险认知评价偏差存在显著差异（$t = 2.21$，$p < 0.05$），经历过火灾者的个人 - 社会风险认知偏差高于未经历火灾的人。

表 7 - 31　有无火灾经历在火灾和爆竹风险上的个人 - 社会风险认知差异

维度	是否有火灾经历		t
	是（N = 96）	否（N = 1048）	
火灾风险	- 0.09 ± 1.40	- 0.43 ± 1.62	2.21 *
爆竹风险	- 0.58 ± 1.69	- 0.64 ± 1.49	0.38

* $p < 0.05$, ** $p < 0.01$, *** $p < 0.001$。

（6）地震

经统计分析，由表 7 - 32 可知，是否经历地震对于地震和山体滑坡风险的个人 - 社会风险认知评价偏差不存在显著差异。

表 7 - 32　有无地震经历在地震和山体滑坡风险上的个人 -
社会风险认知差异

维度	是否有地震经历		t
	是（N = 315）	否（N = 829）	
地震风险	- 0.84 ± 1.62	- 0.83 ± 1.75	- 0.07
山体滑坡风险	- 0.35 ± 1.62	- 0.50 ± 1.75	1.32

（7）交通事故

经统计分析，由表 7-33 可知，是否经历交通事故对于交通事故和驾驶汽车风险的个人-社会风险认知评价偏差不存在显著差异。

表 7-33 有无交通事故经历在交通事故和驾驶汽车风险上的个人-社会风险认知差异

维度	是否有交通事故经历		t
	是（$N=359$）	否（$N=767$）	
交通事故风险	-0.05 ± 1.64	-0.08 ± 1.63	0.27
驾驶汽车风险	-0.18 ± 1.61	-0.20 ± 1.59	0.28

（8）生产事故

经统计分析，由表 7-34 可知，是否经历生产事故对于生活和工作压力风险的个人-社会风险认知评价偏差存在显著差异（$t=2.25$，$p<0.05$），经历过生产事故者的个人-社会风险认知偏差为正，且显著高于未经历过生产事故的人。

表 7-34 有无生产事故经历在生活和工作压力风险上的个人-社会风险认知差异

维度	是否有生产事故经历		t
	是（$N=60$）	否（$N=1084$）	
生活和工作压力风险	0.08 ± 1.92	-0.38 ± 1.53	2.25*

* $p<0.05$，** $p<0.01$，*** $p<0.001$。

（9）罪犯伤害

经统计分析，由表 7-35 可知，是否经历罪犯伤害对于罪犯伤害风险的个人-社会风险认知评价偏差不存在显著差异。

表 7-35 有无罪犯伤害经历在罪犯伤害风险上的个人-社会风险认知差异

维度	是否有罪犯伤害经历		t
	是（$N=59$）	否（$N=1085$）	
罪犯伤害风险	-0.32 ± 1.73	-0.59 ± 1.76	1.14

（10）癌症

经统计分析，由表 7-36 可知，是否罹患癌症对于癌症、艾滋病、接受手术、接受输血和吸毒风险的个人-社会风险认知评价偏差不存在显著差异。

表 7-36　是否罹患癌症在癌症相关风险上的个人-社会风险认知差异

维度	是否罹患癌症		t
	是（$N = 21$）	否（$N = 1123$）	
癌症风险	-0.05 ± 2.27	-0.33 ± 2.06	0.63
艾滋病风险	-0.80 ± 1.99	-0.98 ± 2.15	0.37
接受手术风险	0.33 ± 1.56	0.29 ± 1.64	0.12
接受输血风险	0.57 ± 1.57	0.16 ± 1.57	1.19
吸毒风险	-0.38 ± 2.20	-0.95 ± 2.25	1.15

7. 工作危险性

经统计分析，由表 7-37 可知，工作危险程度对于健康风险的个人-社会风险认知评价偏差存在显著差异（$F_{(4,1118)} = 3.28$，$p < 0.05$）。经事后检验（LSD）可知，认为工作比较危险的人，其个人-社会风险认知评价偏差为正，显著高于认为工作完全没有危险或基本没有危险的人（$p < 0.05$ 和 $p < 0.01$）。另外，认为工作有一定危险的人，其个人-社会风险认知评价偏差为正，显著高于认为工作完全没有危险或基本没有危险的人（$p < 0.05$）。

表 7-37　不同工作的危险性在不同类型风险上的个人-
社会风险认知差异

维度	工作危险性					F
	完全没有危险（$N = 290$）	基本没有危险（$N = 567$）	有一定危险（$N = 221$）	比较危险（$N = 27$）	非常危险（$N = 18$）	
致命伤害风险	-14.12 ± 25.07	-14.65 ± 24.19	-13.18 ± 25.68	-9.48 ± 20.16	-8.40 ± 24.63	0.62
健康风险	-2.81 ± 8.87	-2.94 ± 8.68	-1.21 ± 7.87	1.70 ± 12.09	-1.45 ± 11.43	3.28*
交通出行风险	-0.58 ± 5.88	-0.87 ± 4.92	-0.75 ± 4.83	2.22 ± 6.17	3.45 ± 6.68	5.08
减少寿命风险	-0.95 ± 5.45	-0.54 ± 4.61	-0.78 ± 4.42	1.07 ± 4.73	-0.11 ± 5.42	1.31
意外风险	0.41 ± 3.44	0.20 ± 3.74	-0.08 ± 3.69	1.89 ± 4.58	0.00 ± 3.46	1.96

* $p < 0.05$，** $p < 0.01$，*** $p < 0.001$。

第八章

食品风险研究

一　问题的提出

2004 年，安徽省阜阳市发生劣质奶粉致 13 名婴儿死亡、近 200 名婴儿患上严重营养不良症的"大头娃娃"事件；2004 年，广州有 14 人因饮用含有甲醇的散装白酒而死亡；2008 年，中国奶制品爆发污染事件，因婴幼儿奶粉中掺入三聚氰胺而使数万名婴儿患病；2011 年，著名食品企业双汇的产品中被检出"瘦肉精"；2012 年，一些企业使用废旧皮革生产的工业明胶制作药品胶囊……这些食品安全事件严重影响了人们的安全感。

（一）食品安全

对食品安全的认识是一个渐进的过程。1974 年 11 月，联合国粮农组织（Food and Agriculture Organization of the United Nations，FAO）在《世界粮食安全国际约定》中第一次提出了"食品安全"的概念，但这里的食品安全指的是食品数量安全，即是否有足够数量的食品满足人们的需要。1996 年，世界卫生组织（World Health Orgnization，WHO）将食品安全定义为："对食品按其原定用途进行制作、食用时不会使消费者健康受到损害的一种担保。"2003 年，联合国粮农组织、世界卫生组织将食品安全定义为："所有那些危害，无论是慢性的还是急性的，这些危害会使食物有害于消费者的健康。"（刘录民、侯军歧、景为，2008）现在，人们从食品数量、食品质量和食品可持续性等方面来综合看待食品安全问题。但一般情况下，人们所说的是食品质量安全具体指一个国家或地区的食品中各种危害物对消费者健康的影响程度。食品质量是根据食品污染物和本身的毒性、对人们健康的危险性等进行评估的（李哲敏，2004）。

学者们认为影响食品安全的因素很多，包括农产品加工工艺落后、农业生产环境污染，农业种植、养殖业污染，食品添加剂（防腐剂等），微生物引起的食源性疾病，以及新原料、新工艺带来的食品安全性问题（如转基因食品）等（郑宇鹏、夏英，2006）。抗生素、激素和其他有害物质残留于禽、畜、水产品体内，重金属污染，假冒伪劣食品，劣质原料食品，腐败变质食品也成为我国食品安全的重要威胁（杨天宝、王法云，2003）。

从食品科学的角度看食品安全问题相对容易理解，影响食品安全的因素也基本清楚，但影响食品安全的社会因素却很复杂。

有学者将食品安全分为绝对安全和相对安全。绝对安全是指不可能因食用某种食物而危及健康或造成伤害；相对安全是指一种食物或成分在合理食用方式和正常食量的情况下不会损害健康。绝对安全强调的是食品的"零风险"，事实上，"零风险"的食品是不可能存在的。这是因为在食品生产的各环节都存在着风险，如某些化学物质和微生物在食品生产环境中不可避免地以微弱数量存在，这些食品在一定摄入量下是安全的，超过一定摄入量就可能损害健康。受科技水平的限制，一些食品虽然没有检测出有害物质，但并不表示没有风险。由于个体身体状况的差异，一些食物对某些人是安全的，但对另一些人就不安全。食品安全和不安全之间的界限是十分含糊的，通常意义上的食品安全是指食品风险在可接受范围内（刘录民、侯军歧、景为，2008）。

风险社会理论认为，绝对安全是不存在的，安全的问题归根到底是一个风险可接受性的问题。食品安全的问题在很大程度上是一个主观感受的问题，因此食品安全问题就成了一个社会学（社会心理学）问题。

（二）食品安全满意度

莱恩·多亚尔和伊恩·高夫（2008）在《人的需要理论》中把"生存/身体健康"与"自主"列为人的最基本的两种需要，而食品、食品安全直接影响到人的生存与身体健康，是最重要的社会问题之一。人们最基本的食品安全需求在多大程度上得到了满足是评价政府民生绩效的重要方面，但食品安全现状与民众的食品安全感受存在差异，因此考察民众对食品安全的满意度具有重要的意义。

满意度（satisfaction）是社会心理学、管理学和社会学研究中常见的主题。在社会心理学中，与满意度相关的是主观幸福感研究（Robinson, Shaver, & Wrightsman, 1997），与主观幸福感相似，生活满意度被用来衡量个人的生活质量。一些综合性调查经常选取社会生活的某一方面作为调查内容，以了解人们的生活满意度，如美国的 GSS（General Social Survey）及国内的中国社会状况综合调查（Chinese Social Survey, CSS）。满意度调查一般是了解人们需求或预期的满足程度，本研究中的食品安全满意度体现在食品安全状况与人们愿望和预期间的差距，是人们在当前社会环境下对食品安全需求满足程度的主观判断。

国内食品安全满意度的研究不多，一些调查得到的结果差异很大。广州市 2012 年食品安全满意度调查中回答满意和比较满意的比例为 11%，回答一般的比例为 42%，回答不满意的比例为 46%（广州社情民意研究中心，2012）。2011 年，南京市的一项调查发现 52.3% 的居民表示不满意，12.3% 的居民表示非常不满意，只有 11.7% 的居民表示满意，14.7% 的居民表示不关注（汤金宝，2011）。2008～2009 年在北京的一项调查中，食品安全满意度在五点量表上的平均得分为 2.76（成黎等，2011）。

在食品安全影响因素方面，马缨和赵延东（2009）的研究发现，性别对食品安全满意度的影响不显著；成黎等（2011）的研究也发现男女两性在食品安全满意度上没有差异；王志刚（2003）的研究发现，相比于男性，女性对食品的关心程度更高；而男性比女性对绿色食品的关心程度和转基因食品的认知程度更高；秦庆等（2006）的研究也发现性别对人们的食品安全心理的影响不显著。

马缨、赵延东（2009）的研究发现，年龄对食品安全满意度的影响不显著；成黎等（2011）的研究发现，不同年龄的被访者在对食品安全的关注度上有明显差异，其中 45～65 岁年龄组被访者对食品安全的关注度最高，18 岁及以下年龄组被访者对食品安全的关注度最低；秦庆等（2006）的研究发现，年龄对食品安全心理的影响不显著。

马缨、赵延东（2009）发现受教育程度越高，被访者对食品安全状况的满意度越低；成黎等（2011）的研究发现，随学历的提升，消费者对食品安全的关注度降低；秦庆等（2006）的研究发现，城市居民受教育程度越高，其对食品安全的关注程度越高。此外，马缨、赵延东（2009）的研究还发现，户口类型对食品安全满意度的影响不显著。

中国社会科学院社会学研究所 2006 年的调查显示，本地居民的食品安全感低于离乡居民；2008 年的调查显示，本地居民的食品安全感低于外地居民。食品安全感最高的是西部居民，最低的是东部居民。在 2006 年的调查中，党政机关、国有企业、集体企事业单位、农村集体经济就业者的安全感低；在 2008 年的调查中，食品安全感最低的是党政机关、国有企业和民办非企业单位的就业者（王俊秀，2011）。

由于以往调查和研究或完成于不同时期，或样本量不足或样本仅选取部分地区，因此对中国居民食品安全状况难以有全面准确的反映。本研究采用 2011 年随机抽取的覆盖全国 31 个省（市、区）的 51100 个样本的调查，对中国居民食品安全满意度进行分析，以期了解居民食品安全满意度现状及影响食品安全满意度的因素。

二 数据、变量和方法

（一）数据

本研究数据来自 2011 年 2 月中国民生指数课题组第二次问卷调查。本次调查委托国家统计局社情民意调查中心在全国 31 个省（市、区）进行电话调查，调查对象为随机抽取的 18～75 岁的居民，共获得有效问卷 51100 份。

（二）样本

本研究的因变量为食品安全满意度，访问题目为"您对目前居住地食品安全状况总体评价"，选项分为五个等级：非常不满意、不太满意、一般、比较满意和非常满意，另有一选项为"说不清楚、不了解或不愿意评价"，按照缺失值处理。

自变量包括性别、年龄、受教育程度、户口、居住地（城乡）、行政区、就业、家庭收入、总满意度等。其中，性别、受教育程度、户口、居住地、行政区和就业为分类变量，年龄、家庭收入、总满意度为连续变量。问卷中城镇和农村居民在就业和家庭收入上采用不同的题目，在家庭收入上，城市居民为家庭月收入，农村居民为家庭年收入。总满意度是指本次调查中对于民生状况各方面的满意度总分，包括对交通状况、社会治安、政府行政效率、义务教育、医疗卫生服务、生态环境、社会保障、社会服务等。具体变量的选项、分布和平均值如表 8-1 所示。

表 8-1　调查样本的描述统计

因变量		样本量（个）	百分比（%）
食品安全满意度	非常满意	3360	8.6
	比较满意	11424	29.3
	一般	16889	43.4
	不太满意	5318	13.7
	非常不满意	1935	5.0
分类变量		样本量	百分比
性别	男	20098	51.6
	女	18828	48.4
受教育程度	不识字或识字很少	1117	2.9
	小学	3678	9.4
	初中	10212	26.2
	高中、中专或技校	10857	27.9
	大学专科	6933	17.8
	大学本科	5627	14.5
	硕士或博士	502	1.3
户口	本地非农户口	20758	53.3
	本地农业户口	14407	37.0

续表

分类变量		样本量（个）	百分比（%）
户口	外地非农户口	1789	4.6
	外地农业户口	1972	5.1
城乡	城镇	23572	60.6
	农村	15354	39.4
行政区	华北	6154	15.8
	东北	3567	9.2
	华东	8463	21.7
	华中	4109	10.6
	华南	4110	10.6
	西南	6366	16.4
	西北	6157	15.8
城镇就业	未就业	8875	30.1
	国有经济单位职工	8609	29.2
	集体经济单位职工	1199	4.1
	个体或私营企业主	3705	12.6
	个体或私营企业被雇者	4946	16.8
	自由职业者	888	3.0
	离退休再就业人员	685	2.3
	外资或港澳台企业员工	567	1.9
农村就业	未就业	3595	19.7
	务农	7021	38.5
	务农以及各类定期、不定期零工	2312	12.7
	乡镇政府机关、事业单位	1122	6.2
	乡镇集体企业、私营企业业主	1487	8.2
	乡镇集体企业、私营企业被雇者	2203	12.1
	其他形式农村就业	500	2.7
连续变量	样本量	平均数	标准差
年龄	51076	40.92	14.223
城镇家庭月收入	29486	9266.64	144154.867
农村家庭年收入	18856	30904.68	91004.074

连续变量	样本量	平均数	标准差
满意度总分	38943	29.70	5.92
总计	51100		

三 数据分析结果

（一）食品安全满意度状况

被调查总体的食品安全满意度分布如表 8－1 所示，非常满意的比例为 8.6％，比较满意的比例为 29.3％，一般的比例为 43.4％，不太满意的比例为 13.7％，非常不满意的比例为 5.0％。调查样本总体在五点量表上的平均分为 3.22，标准差为 0.961。

对分类变量分组进行方差分析发现，男性的食品安全满意度高于女性；不同年龄组中除 18～25 岁外，年龄越大的居民，其食品安全满意度越高；文化程度越低的居民，其食品安全满意度越高；农村居民的食品安全满意度高于城镇居民；农村户口居民的食品安全满意度高于城镇户口居民，且本地非农户口居民的食品安全感最低，本地农业户口居民的食品安全感最高。食品安全满意度高低分布表现出明显的地区差异，东南地区最低，北部偏西最高，中间带处于平均水平。城镇不同就业者的食品安全满意度不同，外资或港澳台企业员工的食品安全满意度最低，个体、私营企业被雇者或自由职业者的食品安全满意度最高，国有经济单位、集体经济单位就业者的食品安全满意度最低。农村就业中务农的居民食品安全满意度最高。

（二）食品安全满意度影响因素分析

回归分析结果显示，满意度总分、年龄、性别、受教育程度和居住地是影响居民食品安全满意度的主要因素。食品安全满意度与满意度总分作答较为一致，也就是安全感其他各项满意度高的人对食品安全的满意度也高；行政区中只有华北、华中、华南地区有统计意义，且满意度均低于西北地区；在户口一项中只有本地非农户口有统计意义，本地非农户口居民食品安全满意度最低，具体结果如表 8 - 2 所示。

表 8 - 2　食品安全满意度的 ordinal logistic 回归分析

	估计值	SE	Wald	df	Sig.
非常不满意	4.957	0.121	1691.676	1	0.000
不太满意	6.909	0.122	3233.121	1	0.000
一般	9.825	0.127	6019.135	1	0.000
比较满意	12.603	0.133	8949.405	1	0.000
满意度总分	0.302	0.002	17485.173	1	0.000
年龄	-0.007	0.001	76.865	1	0.000
华北	0.167	0.035	22.331	1	0.000
东北	-0.024	0.041	0.331	1	0.565
华东	0.027	0.033	0.697	1	0.404
华中	0.117	0.039	8.751	1	0.003
华南	0.159	0.040	16.128	1	0.000
西南	0.028	0.035	0.628	1	0.428
西北					
男	0.193	0.020	92.235	1	0.000
女					
不识字或识字很少	0.829	0.110	56.787	1	0.000
小学	0.645	0.097	44.589	1	0.000
初中	0.500	0.091	30.127	1	0.000
高中、中专或技校	0.391	0.090	19.014	1	0.000
大学专科	0.329	0.090	13.302	1	0.000
大学本科	0.254	0.091	7.848	1	0.005
硕士或博士					
本地非农户口	-0.122	0.048	6.404	1	0.011
本地农业户口	0.012	0.048	0.058	1	0.809
外地非农户口	0.028	0.065	0.183	1	0.668
外地农业户口					
城镇	-0.131	0.027	23.054	1	0.000
农村					

由于城乡居民的就业和家庭收入调查内容不同，因此关于这两个变量对食品安全满意度的影响的分析分别在城镇样本和农村样本中进行，结果如表 8 - 3 和表 8 - 4 所示。

表 8 - 3　城镇样本食品安全满意度的 ordinal logistic 回归分析

	估计值	SE	Wald	df	Sig.
非常不满意	- 2.136	0.119	320.998	1	0.000
不太满意	- 0.624	0.118	28.090	1	0.000
一般	1.354	0.118	131.546	1	0.000
比较满意	3.550	0.120	870.616	1	0.000
非常满意					
年龄	- 0.012	0.001	155.712	1	0.000
家庭月收入	0.000	0.000	1.717	1	0.190
男	0.191	0.022	74.261	1	0.000
女					
不识字或识字很少	1.574	0.125	159.673	1	0.000
小学	1.233	0.093	174.639	1	0.000
初中	0.906	0.081	125.787	1	0.000
高中、中专或技校	0.707	0.078	82.235	1	0.000
大学专科	0.619	0.078	63.695	1	0.000
大学本科	0.514	0.077	44.405	1	0.000
硕士或博士					
本地非农户口	- 0.099	0.050	3.977	1	0.046
本地农业户口	0.079	0.055	2.057	1	0.151
外地非农户口	- 0.062	0.062	0.985	1	0.321
外地农业户口					
华北	0.011	0.040	0.083	1	0.773
东北	- 0.128	0.045	8.161	1	0.004
华东	- 0.099	0.036	7.388	1	0.007
华中	- 0.240	0.045	28.613	1	0.000
华南	- 0.256	0.045	32.598	1	0.000
西南	- 0.061	0.039	2.441	1	0.118
西北					
未就业	0.616	0.084	53.850	1	0.000
国有经济单位职工	0.470	0.082	32.857	1	0.000

续表

	估计值	SE	Wald	df	Sig.
集体经济单位职工	0.439	0.096	20.956	1	0.000
个体或私营企业主	0.549	0.086	40.417	1	0.000
个体或私营企业被雇者	0.388	0.084	21.249	1	0.000
自由职业者	0.383	0.102	14.029	1	0.000
离退休再就业人员	0.505	0.110	20.998	1	0.000
外资或港澳台企业员工					

表 8 - 4 农村样本食品安全满意度的 ordinal logistic 回归分析

	估计值	SE	Wald	df	Sig.
非常不满意	- 2.795	0.373	56.219	1	0.000
不太满意	- 1.311	0.371	12.471	1	0.000
一般	0.774	0.371	4.350	1	0.037
比较满意	2.441	0.372	43.141	1	0.000
非常满意					
年龄	0.010	0.001	72.963	1	0.000
家庭年收入	3.935E - 7	0.000	6.023	1	0.014
男	0.146	0.028	26.402	1	0.000
女					
不识字或识字很少	0.664	0.360	3.398	1	0.065
小学	0.386	0.357	1.170	1	0.279
初中	0.186	0.356	0.272	1	0.602
高中、中专或技校	0.116	0.355	0.106	1	0.745
大学专科	0.110	0.357	0.095	1	0.758
大学本科	0.097	0.360	0.072	1	0.788
硕士或博士					
华北	- 0.170	0.049	12.214	1	0.000
东北	- 0.122	0.058	4.426	1	0.035
华东	- 0.251	0.045	31.245	1	0.000
华中	- 0.168	0.054	9.723	1	0.002
华南	- 0.512	0.055	85.365	1	0.000
西南	- 0.277	0.049	31.320	1	0.000
西北					
本地非农户口	- 0.044	0.070	0.402	1	0.526

	估计值	SE	Wald	df	Sig.
本地农业户口	0.065	0.062	1.101	1	0.294
外地非农户口	-0.095	0.105	0.805	1	0.369
外地农业户口					
未就业	-0.017	0.088	0.038	1	0.845
务农	0.018	0.087	0.044	1	0.833
务农以及各类定期、不定期零工	-0.133	0.091	2.104	1	0.147
乡镇政府机关、事业单位	0.052	0.102	0.257	1	0.612
乡镇集体企业、私营企业业主	-0.001	0.095	0.000	1	0.990
乡镇集体企业、私营企业被雇者	-0.164	0.091	3.235	1	0.072
其他形式农村就业					

在城市样本的食品安全满意度回归分析中，与调查样本总体的回归分析相同，年龄、性别、受教育程度、行政区和户口是影响城市居民食品安全满意度的因素，城镇就业也是影响居民食品安全满意度的因素。外资或港澳台企业员工的食品安全满意度最低，城镇居民家庭月收入对其食品安全满意度的影响不显著。

在农村样本的食品安全满意度回归分析中，相比于调查样本总体的回归分析，只有年龄、性别、行政区是影响农村居民食品安全满意度的因素，而户口、受教育程度、就业状况对其食品安全满意度的影响不显著。

四 结论与讨论

综合以上方差分析和多分类有序变量回归分析，可以得出如下结论。

第一，全国居民食品安全满意度平均值介于一般和比较满意；近四成居民对食品安全状况感到满意或比较满意，四成居民持中性态度，两成居民对食品安全感到不满意。

由于本次调查是全国性调查，平均食品安全满意度高于以往一些城市的调查。一是因为媒体报道的食品安全事件多发生于城市，二是因为城市居民接触更多的媒体信息，了解更多食品安全事件和信息，如以往媒体报道食品安全事件较多的广东省、北京市，居民的食品安全满意度偏低。

第二，男性对食品安全的满意度高于女性。由于女性更多承担食品采购和饮食等活动，因此女性对食品的认知和对食品安全的关注高于男性，对食品安全状况更不满意。

第三，除 18~25 岁年龄段居民外，年龄越大的居民，其食品安全满意度越高。26~45 岁年龄组居民的食品安全满意度最低，其余各年龄组居民的食品安全满意度均高于总体平均值。由于这一年龄段的多数居民家庭中有未成年子女，因此他们对于食品安全问题的容忍度更低。

第四，农村居民的食品安全满意度高于城镇居民。一个原因是农村居民大量的日常食品是自产的或他们对购入食品来源熟悉，而城市居民的食品需要从流通渠道购入，他们对各环节均不了解，加之城市以往出现的食品安全问题多，这使得城市居民的食品安全满意度低于农村居民。而在城市中，最典型的城市居民——城市非农户口居民的食品安全满意度低于其他户口类型居民。

第五，从样本总体看，受教育程度越高的居民，其食品安全满意度越低，但具体分析城市居民和农村居民发现，受教育程度越低的城市居民，其食品安全满意度越高，而不同文化程度农村居民的食品安全满意度的差异并不显著。一方面，受教育程度越高的居民对食品知识了解越多，对食品安全要求也越高；另一方面，受教育程度越高的居民接触食品安全信息越多，对食品安全问题了解越多，食品安全满意度越低。

第六，食品安全满意度高低分布表现出明显的地区差异，东南部最低，北部偏西最高，中间带处于平均水平。对比以往不同地区发生的食品安全事件数量可以发现，越是发达的东部地区，食品安全事件越多，一个原因是食品安全状况更复杂，另一个原因是媒体对食品安全的监督更有力。

第七，城镇就业者中，外资或港澳台企业员工的食品安全满意度最低，国有、集体单位等体制内就业者的满意度最低。农村居民中，务农的居民食品安全满意度最高。这与不同就业者的受教育程度有关，外资或港澳台企业员工的受教育程度往往更高。

第八，食品安全满意度与满意度总分之间存在显著的相关，说明人们的满意度评价具有很大的相似性，人们的评价存在比较一致的模式。这一结论的启示是应该在以后的调查中把安全满意度的问题细化为针对不同食品或不同环境下的食品，食品安全的评价就会更加精确。

要提高食品安全满意度，首先要靠提高食品生产流通各环节的食品安全来实现；其次要提高居民对食品安全的认识和食品安全知识，引导其科学认识食品安全问题，不过分紧张或麻痹；最后要了解居民的食品安全感受，彻底解决居民感受强烈的食品安全问题，使食品安全问题不超越居民的"容忍度"。

第九章

交通风险研究

截至 2013 年底，我国机动车保有量已突破 2.5 亿辆，机动车驾驶人近 2.8 亿人。其中，汽车 1.37 亿辆，占全部机动车的 54.8%，扣除报废量比上年净增 1651 万辆，增长了 13.7%；汽车驾驶人 2.19 亿人，扣除注销量比上年净增 1844 万人，增长了 9.2%。全国有 31 个城市的汽车保有量超过 100 万辆，其中天津、成都、深圳、上海、广州、苏州、杭州等 7 个城市的汽车保有量超过 200 万辆，北京超过 500 万辆。显然，我国已迈入汽车社会，道路安全已经成为影响社会各个方面的重要因素。

2012 年，全国共查处超速行驶 9000 多万起，超速行驶肇事导致 7000 多人死亡，超速行驶已成为导致交通事故最多的交通违法行为。共查处不按交通信号灯指示通行的交通违法行为 2649 万起，平均每天查处 7 万多起。全国共发生涉及人员伤亡的路口交通事故 4.6 万起，造成 1.1 万人死亡、5 万人受伤，比上年分别上升 17.7%、16.5% 和 12.3%。其中，在路口不按交通信号灯指示通行导致的事故起数比上年上升 17.9%；私家车导致的事故起数、死亡人数分别上升 5.5% 和 6.5%。以上两类交通肇事数分别占机动车肇事总数的 68.7% 和 58.8%，比 2011 年分别上升 6.4 个百分点和 6.2 个百分点。①

---

① 资料来源：《2012 年重特大交通事故 25 起　因超速致 7000 多人死亡》，http://www.china. com. cn/guoqing/2013 - 02/01/content_27856816. htm，2013 年 2 月 1 日。

一 汽车使用安全现状和相关研究

（一）国际汽车使用安全现状和相关研究

汽车使用安全是世界卫生组织、世界银行等国际组织十分关注的问题。关注国际汽车使用安全现状和问题，并与我国进行对比，一方面有利于确定我国汽车使用安全问题的严重程度，另一方面可以借鉴国际经验，改善道路交通安全状况。

1. 人员伤亡情况

世界道路死亡人数众多，道路伤亡情况不容乐观。2000 年的相关数据显示，每年道路死亡人数为 75 万~118.3 万，每天至少有 300 人死于道路交通（Jacobs et al.，2000）；2009 年世界卫生组织（World Health Organization，WHO）发布的 2008 年 178 个国家道路安全状况报告指出，每年全世界有 120 万人死于道路交通；2013 年的《道路安全全球现状报告（2013）》指出，每年全世界约有 124 万人死于道路交通。

以上数据表明，道路伤亡不仅数量大而且呈增长趋势。WHO 另一项研究的数据显示，道路交通死亡人数从 1990 年的将近 99.9 万（Murray & Lopez，1996）上升到 2002 年略微超过 110 万，上升了 10.1%；2013 年道路交通死亡人数已达 124 万人，比 2002 年增加了 12.7%。除了死亡，在道路上受伤者有 2000 万~5000 万人。

道路交通事故死亡已成为人类的十大死因之一。据预测，这一排名还在上升中，到 2030 年将会上升到第五位。

然而道路死亡人数在不同地域、不同国家的增减情况是不同的。2013 年的《道路安全全球现状报告（2013）》指出，上报数据的 178 个国家中有 87 个国家的道路死亡人数是上升的，而其他 91 个国家的道路死亡人数是下降的。

不同发展程度的国家道路死亡率也不同，中低收入国家是道路安全事故的重灾区。世界卫生组织 2013 年的报告指出，中等收入国家的道路死亡率最高，为 20.1 人/10 万人，高于高收入国家 8.7 人/10 万人的死亡率和低收入国家 18.3 人/10 万人的死亡率。中等收入国家人口占全世界人口的 72%，拥有的注册车辆数量占全世界注册车辆数量的 52%，然而其道路交通死亡人数却占全世界道路交通死亡人数的 80%。

另一个值得注意的现象是世界道路死亡人数中有将近一半（46%）为弱势道路使用者，即行人、骑自行车者和摩托车驾乘者，到 2013 年这个数据基本没有发生变化（WHO，2009）。而弱势道路使用者的安全是政策忽略的一个重要部分。

2. 经济损失情况

机动车事故多发不仅威胁着全球人口的生命安全，还造成了严重的经济后果。世界卫生组织的《2011～2020 年道路安全行动十年》估计，此类经济损失占世界各国国民生产总值的 1%～3%，总计达 5000 多亿美元。① 还有报告指出，道路交通事故伤害的成本占低收入国家国民生产总值（GNP）的 1% 左右，占中等收入国家 GNP 的 1.5%，占高收入国家 GNP 的 2%。根据相关学者的估计，全球道路交通事故造成的直接经济损失为 5180 亿美元，其中，低收入国家的损失达到 650 亿美元，超过了其每年获得的发展援助总额（Jacobs et al.，2000）。

3. 酒后驾驶

表 9 - 1 显示，美国 2008 年酒后驾驶导致的交通死亡人数占交通事故

表 9 - 1　美国 1990～2008 年交通事故死亡人数与司机血液中酒精含量

单位：人，%

年份	1990	1995	2000	2004	2005	2006	2007	2008
死亡总数	44599	41817	41945	42836	43510	42708	41259	37261
血液中酒精含量为 0.00%								
人数	23823	25768	26082	27413	27423	26633	25611	23317
百分比	53.4	61.6	62.2	64.0	63.0	62.4	62.1	62.6
血液中酒精含量为 0.01%～0.07%								
人数	2901	2416	2422	2212	2404	2479	2494	2072
百分比	6.5	5.8	5.8	5.2	5.5	5.8	6.1	5.6
酒后驾驶死亡人数，血液酒精含量等于或者超过 0.08%								
人数	17705	13478	13324	13099	13582	13491	13041	11773
百分比	39.7	32.2	31.8	30.6	31.2	31.6	31.6	31.6

资料来源：U. S. Census Bureau, Statistical Abstract of the United States: 2011, p.697, Table 1109。

---

① 资料来源：世界卫生组织《2011～2020 年道路安全行动十年》，http://www.who.int/roadsafty/decade_of - action，最后访问日期：2020 年 10 月 1 日。

死亡总人数的 31.6%，另有 5.6% 的司机血液中酒精含量为 0.01% ~
0.07%（轻度酒驾）。

2008 年美国各州交通死亡事故中由酒后驾驶引发的占比平均为 32%，
但各州的情况有很大差异，如佛蒙特州只有 16%，而北达科他州高达 46%。
驾驶者血液中酒精含量为 0 的比例平均为 63%，佛蒙特州为 79%，犹他州
为 80%，南卡罗来纳州只有 49%，北达科他州也只有 50%（王舒蔓，2011）。

从表 9 - 2 中可以看出，在美国，2008 年死亡交通事故驾驶者中酒后驾
驶者的比例比 1998 年高。2008 年酒后驾驶者按年龄分，21 ~ 24 岁所占比

表 9 - 2　美国 1998 年和 2008 年司机酒后驾驶引发死亡事故情况

单位：人，%

年龄/性别/车型	1998		2008	
	驾驶者数量	血液中酒精含量0.08%及以上者占比	驾驶者数量	血液中酒精含量0.08%及以上者占比
死亡交通事故驾驶者	56604	20.4	50186	21.8
以年龄划分				
16 岁以下	361	10.8	213	9.9
16 ~ 20 岁	7767	16.7	5729	17.4
21 ~ 24 岁	5613	31.6	5312	34.4
25 ~ 34 岁	11925	27.5	9745	30.8
35 ~ 44 岁	11241	24.2	8762	25.3
45 ~ 54 岁	7690	17.6	8313	20.7
55 ~ 64 岁	4478	11.0	5695	12.4
65 ~ 74 岁	3399	6.9	2913	6.8
75 岁及以上	3291	4.0	2656	4.0
以性别划分				
男	40816	23.4	36881	24.9
女	15089	12.1	12568	13.1
以驾驶车型划分				
乘用车	28907	21.3	20284	23.1
轻型卡车	19247	22.2	18989	22.7
大型卡车	4905	1.5	4017	1.7
摩托车	2333	34.4	5383	29.1
公交车	287	4.2	247	0.8

资料来源：U. S. Census Bureau, Statistical Abstract of the United States：2011, p. 698, Table 1112。

例最高，达到了 34.4% ；其次是 25 ~ 34 岁，占 30.8% ；再次是 35 ~ 44
岁，占 25.3% 。男性酒后驾驶的比例高于女性。按车型分，摩托车、乘
用车和轻型卡车司机酒后驾驶的比例较高。

研究发现，当血液酒精含量（血液酒精浓度，BAC）达到 0.04g/100ml
时，驾驶员卷入道路事故的风险开始大幅度增加；当测定值达到 0.10g/100ml，
风险约为 BAC 值为 0 时的 5 倍；当测定值达到 0.24g/100ml 时，风险将
超过 BAC 值为 0 时的 140 倍（见图 9 – 1）。

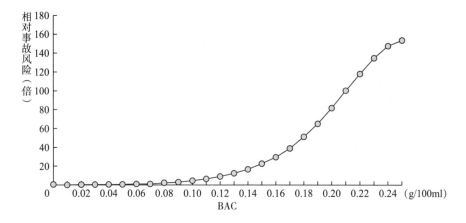

图 9 – 1 酒后驾驶者在单一机动车事故中的相对事故风险

资料来源：全球道路安全合作伙伴：《酒后驾驶：一本为决策者和从业者制定的道
路安全手册》，2007，https://www.doc88.com/p – 1814784230018.html，最后访问日期：
2020 年 6 月 12 日。

世界各国（地区）对于驾驶员酒后驾驶都给出了法律界定（见表
9 – 3），但这些国家对于血液中酒精含量的规定有所差异。随着一些新的
研究结论的公布，可以看出，总的趋势是标准趋于严格。

表 9 – 3 部分国家（地区）驾驶员血液酒精含量（BAC）法定阈值

国家（地区）	BAC（g/100ml）	国家（地区）	BAC（g/100ml）
澳大利亚	0.05	巴西	0.08
奥地利	0.05	加拿大	0.08
比利时	0.05	科特迪瓦	0.08
贝宁	0.08	捷克	0.05
博茨瓦纳	0.08	丹麦	0.05

国家（地区）	BAC（g/100ml）	国家（地区）	BAC（g/100ml）
爱沙尼亚	0.02	俄罗斯	0.02
芬兰	0.05	南非	0.05
法国	0.05	西班牙	0.05
德国	0.05	斯威士兰	0.08
希腊	0.05	瑞典	0.02
匈牙利	0.05	瑞士	0.08
爱尔兰	0.08	乌干达	0.15
意大利	0.05	英国	0.08
日本	0.00	坦桑尼亚	0.08
莱索托	0.08	美国	0.10/0.08
卢森堡	0.05	赞比亚	0.08
荷兰	0.05	津巴布韦	0.08
新西兰	0.08		
挪威	0.05		
葡萄牙	0.05		

资料来源：全球道路安全合作伙伴：《酒后驾驶：一本为决策者和从业者制定的道路安全手册》，2007，https://www.doc88.com/p-1814784230018.html，最后访问日期：2020年6月12日。

在国际汽车使用风险因素研究中，对酒后驾驶的研究是最突出的，绝大多数是致力于控制酒后驾驶的各种政策研究，还涉及对酒驾突出群体的研究（如青少年、老年人等）。针对全国驾驶者的控制酒后驾驶的政策包括完善相关法律、制定酒驾标准（血液酒精浓度，BAC）、设置检查站或临时检查点，其中较为突出的是卡罗来纳州的政策研究。Mccartt等研究了饮酒与开车之间的关系，认为应从青少年饮酒入手，加强对青少年购买酒的限制力度从而减少青少年酒驾事故的发生。华盛顿州则实施青少年酒驾零容忍政策（Mccartt et al.，2007）。

美国高速公路安全管理局（NHTSA）对不同群体的酒驾行为进行了研究，结果表明，年轻人（21岁以下）饮酒率下降，使年轻人酒驾从1973年开始下降，从1973年的4.1%下降到1986年的2.7%，到1996年已低至0.3%。研究认为，数据证明买酒的最低年龄限制、对向未达年龄者销售酒的限制、零容忍法律和教育强制项目发挥了作用。但是，成年人仍然是问题群体，21～34岁人群的高浓度酒精驾驶人数并没有太大变化，只是呈现出温和的下降趋势。周末晚上酒驾的女性人数上升，1973年为18%，1986为26%，1996为31%。而从不同种族的人群来看，西班牙裔酒驾者人数上升，白人和非裔酒驾者人数下降。

关于核心酒驾者（hardcore drinkers，一般将BAC高于0.15%或者经常违反DWI的驾驶者定义为核心酒驾者）的研究认为，其概念很难定义，研究者主张关注的目标是每个违规者（Williams et al.，2007）。美国的相关研究数据表明，1982～1997年核心酒驾者的酒驾率有所下降。研究认为，不是因为核心酒驾者不重要，而是不应该在这些人身上投入过多精力，毕竟这些人是酒驾者中的少数（Mccartt & Williams，2004）。

4. 分心驾驶

根据美国人口统计局的数据，美国2009年的30797起死亡交通事故中，司机分心驾驶导致的事故为4898起，占总数的16%，而因司机分心驾驶导致的事故死亡人数为5474人，占交通事故死亡总人数的16%（见表9－4）。

表9－4　美国2005年、2008年、2009年司机分心驾驶所致伤亡事故

年份	2005	2008	2009
死亡交通事故			
总数			
事故（起）	39252	34172	30797
司机（人）	59220	50416	45230
死亡人数（人）	43510	37423	33808
司机分心驾驶引发的事故			
事故（起）	4026	5307	4898
占比（%）	10	16	16
司机（人）	4217	5477	5084
占比（%）	7	11	11
死亡人数（人）	4472	5838	5474
占比（%）	10	16	16

续表

年份	2005	2008	2009
在事故中受伤的人			
总数（人）	2699000	2346000	2217000
涉及分心驾驶的估计数（人）	604000	466000	448000
占比（%）	22	20	20

资料来源：U. S. Census Bureau, Statistical Abstract of the United States：2011, p. 696, Table 1108。

5. 超速驾驶

从 2008 年美国发生的交通事故看，有三分之一的死亡交通事故与超速驾驶有关。非州际公路交通事故死亡人数高于州际公路。在州际公路上，限速为每小时 55 英里路段的死亡人数占州际公路死亡人数的 77.2%；在非州际公路上，限速为每小时 55 英里路段的死亡人数占非州际公路死亡人数的 34.29%。这说明在高速路段超速驾驶发生事故的概率更高（U. S. Census Bureau，2011）。

有大量证据表明，车辆平均行驶速度与碰撞事故发生概率密切相关：发生碰撞事故的概率与速度的平方成正比；发生严重碰撞事故的概率与速度的立方成正比；发生致命碰撞事故的概率与速度的四次方相关（Peden et al.，2004）。

各国对驾驶速度的研究经验表明，平均时速每增加 1 公里，交通伤害发生率上升 3%，死亡率上升 4%~5%；反之，平均时速每降低 1 公里，交通伤害发生率降低 3%，死亡率降低 4%~5%。英国的相关研究得出如下结论：平均时速每减少 1 英里（相当于 1.6 公里），最多可以减少 6% 的交通事故（在城区低速行驶的情况下）。对农村地区时速 60 公里限速区内造成乘车者伤害的碰撞事故进行的研究发现，如行驶速度每超过规定 5 公里，发生事故伤害的相对危险增加一倍；超出时速 60 公里限速规定 5 公里，发生事故伤害的相对危险相当于驾驶员血液酒精含量（BAC）0.05g/100ml 的水平（Peden et al.，2004）。

速度对于安全的影响呈现指数增长。随着车速加快，伤害人数和严重程度也相应增加。研究表明，伤害的严重程度和致命程度与速度呈正比。对于汽车驾乘人员而言，碰撞受伤的程度取决于受到冲击时的速度变化，当时速从 20 公里增加到 100 公里时，发生致命伤害的可能性便从接近 0 增加到将近 100%。与时速 32 公里相比，当时速增加到 48 公里和 64 公里时，前排座位使用安全带的驾乘人员受重伤的可能性分别为时速 32 公里的 3 倍和 4 倍。发生交通事故时，与受到时速为 32 公里的汽车碰撞相比，车速为 80 公里时，汽车驾乘人员死亡的可能性为前者的 20 倍（Peden et al.，2004）。被低于时速 30 公里的汽车碰撞，行人有 90% 的存活机会；如果汽车时速高于 45 公里，行人存活的机会低于 50%。当汽车时速从 30 公里增加到 50 公里时，被撞行人死亡的可能性将上升 8 倍。

美国高速公路安全管理局（NHTSA）研究了超速的动机。该研究聚焦于"谁"超速、"什么"导致了他们做出超速的决定、"什么"措施能够最有效地控制大多数超速者三个主要问题。其研究方法是在西雅图、华盛顿、大学城和得克萨斯州的 164 名志愿驾驶者的车上装上 GPS，记录他们的驾驶速度和道路情况以获得数据。研究者将驾驶者操作化为四个类型，研究了超速与什么重要因素相关，包括情景因素、人口学因素、个性因素。在关于人口学因素的分析中，根据描述统计的结果，年长的女性不容易超速，而男性总体来说更可能超速；年轻的驾驶员尤其是年轻的男性驾驶员，比其他分组的驾驶员有更大概率超速。但是在回归方程中，人口学因素并不显著。貌似合理的解释是超速行为更多地反映了个人的特点、态度、情景变量，而不是简单的人口学分类变量。研究结果进一步指出，驾驶者的一些信念和态度与超速的可能性有关，个性、驾驶动机、信念和态度对超速行为的影响是显著的，并且比人口学变量显著得多。此外，环境因素如行程的类型、行程的长度、车中是否还有其他人、是否存在强制、超速的机会、道路状况、地理位置对超速行为也有一定的影响，其中超速的机会是个关键性因素。

6. 不使用安全带

对于机动车驾乘人员而言，不使用安全带是最大的危险因素。在发生正面碰撞时，未使用安全带的驾乘人员最常见和最严重的伤害是头部损伤。安全带的保护作用取决于碰撞的类型、严重程度以及驾乘人员的位置。安全带对汽车驾驶员和前排乘客的保护作用以及在各类碰撞中的防护效果见表 9-5 和表 9-6（Peden et al.，2004）。

表 9 – 5　安全带对汽车驾驶员和前排乘客的保护作用

年份	资料来源	伤害减少效果（%）		
		致命碰撞	中度及严重伤害	轻度伤害
1976	Griffith 等	41		
1984	Hobbs & Mills		65	
1986	美国交通部			40 ~ 50
1987	Malliaris & Digges	50（驾驶员） 40（前排座位乘客）		
1987	Evans	41		
1987	Campbell	65（驾驶员） 54（前排座位乘客）	51 ~ 52（驾驶员） 43 ~ 44（前排座位乘客）	
1996	美国高速公路 安全管理局		48	
1996	"英国交通事故伤害 合作研究"（未发表）		53	
2003	Cummings	61		
效果范围		40 ~ 65	43 ~ 65	40 ~ 50

表 9 – 6　安全带对汽车各类碰撞伤害的保护作用

碰撞类型	碰撞发生率（%）	各类碰撞中驾驶员使用安全带的防护效果（%）
正面碰撞	59	43
侧面碰撞	14	27
非侧面撞击	9	39
追尾	5	49
翻车	14	77

　　许多国家的交通事故研究都发现，在交通事故中死亡的驾乘人员使用安全带的比例远远低于总体使用率。例如，芬兰的安全带总体使用率为 90%，而死于交通事故者的安全带使用率在芬兰只有 55% 左右。

7. 不使用儿童安全座椅

　　道路交通伤害是美国儿童的第一大死因。世界卫生组织预计，至 2020 年，道路交通伤害将成为危害儿童安全的"第一杀手"（尚婷、唐伯明、刘唐志，2010）。

　　美国高速公路安全管理局（NHTSA）建议儿童在成长发育过程中，

其乘客约束系统应经历四个阶段：后向式儿童安全座椅、前向式儿童安全座椅、儿童增高座椅、成人安全带。所有婴儿都应该乘坐后向式儿童安全座椅，直到1岁以及体重达到20磅（约9公斤）。当婴儿继续成长不再适合后向式儿童安全座椅时，就应该使用前向式儿童安全座椅。当儿童达到4岁以及40磅（约18公斤）时，就应该使用儿童增高座椅。儿童增高座椅的作用是将儿童垫高，使其能使用成人安全带。当儿童8岁或者身高达到4英尺9英寸（约145厘米）以后，就可以使用成人安全带了。此外，所有13岁以下的儿童应该在后排就座，因为后排相对来说更安全。安全气囊与成人安全带一样，是专为成人设计的，并不适合儿童，甚至会对儿童造成致命的伤害。被置于前排的后向式儿童安全座椅由于比较靠近汽车仪表盘，安全气囊在充气的瞬间会对儿童安全座椅造成极大的冲击力，引起婴儿颅骨骨折、直接脑挫伤、脑出血等。因此，后向式儿童安全座椅一定不能被置于有安全气囊的副驾驶座上。如果由于特殊原因，必须被置于副驾驶座上，则一定要关闭副驾驶座上的安全气囊（何威、马晓光、高树晓等，2009）。

美国高速公路安全管理局2006年的调查显示，在美国，1975～2006年，儿童约束（包括儿童安全座椅和成人安全带）挽救了约8325名儿童的生命；仅2006年，儿童约束就很好地保护了约425名5岁以下儿童，其中392名儿童使用了儿童安全座椅。对儿童安全座椅保护效果的研究表明，71%的婴儿（1岁以下）及54%学龄前儿童（1～4岁）由于使用儿童安全座椅而减少了伤亡（曹立波、任锡娟、陈缓，2010）。国内汽车网站"汽车之家"2013年关于儿童安全座椅的调查显示，在售车系中配备儿童安全座椅 ISOFIX & LATCH 接口的比例达到了82.6%。虽然有88.9%的消费者认为使用儿童安全座椅是儿童最安全的乘车方式，但是一线城市儿童安全座椅的使用率只有33.7%，非一线城市儿童安全座椅的使用率仅有20.6%（周文林，2013）。

（二）国内汽车使用安全现状和相关研究

1. 道路不安全状况

（1）人员伤亡情况

根据国家统计局数据，从1995年开始，我国道路交通事故发生和伤亡人数不断攀升，2002 年达到峰值，发生交通事故 773137 起，死亡109381 人，受伤 562074 人。

按照国家统计局的数据计算，中国 2011 年每 10 万持照司机道路交通死亡人数为 26 人，每万车道路交通死亡人数为 2.8 人，每 10 万人口道路交通死亡人数为 4.8 人。中国每万车道路交通死亡人数从 2006 年的 6.2人，下降到 2007 年的 5.1 人、2008 年的 4.3 人、2009 年的 3.6 人、2010年的 3.15 人、2011 年的 2.8 人、2012 年的 2.5 人、2013 年的 2.3 人，且在逐年下降中。

（2）经济损失情况

道路交通事故造成的经济损失情况与相关事故伤亡情况基本一致。从 1995 年开始，道路交通事故造成的经济损失不断上升，2003 年达到峰值，由 15.2 亿元上升到 33.7 亿元。2004 年经济损失金额开始下降，2009～2011 年基本保持在略高于 9 亿元的水平，经济损失情况趋于稳定。

2. 道路风险因素研究

由于国内交通安全数据不公开，关于汽车使用风险和道路安全的研究很少，只能看到一些零星的数据报道。

在 2013 年 3 月 29 日举办的"中国道路交通安全论坛"上，公安部交通管理科学研究所所长王长君指出，我国每年的道路交通伤亡事故数为 20 多万起，每年全国各地交警接报事故的总量大概为 470 万起；交通事故的死亡人数占死亡和交通事故受伤人数的比例大概是 21%，日本是0.54%；目前汽车前座安全带使用率大约只有 22%。[1]

2012 年，全国共查处超速行驶 9000 多万起，超速行驶肇事导致 7000多人死亡，超速行驶是导致交通事故最多的交通违法行为。

苗书翰（2010）对台北地区机车骑士驾驶知识、安全态度及驾驶行为之间的关系进行了定量研究。研究的结论是：台北地区机车骑士安全意识普遍不高，年龄越高越缺乏安全意识。年轻或新骑士蓄意性危险行为的发生频率较高。驾驶知识提高通过"驾驶态度"这一中介变量，可以改善非蓄意性疏忽行为发生的频率，但是对蓄意性危险行为没有显著影响。

---

[1] 《我国每年道路交通事故伤亡人数超 20 万》，http://www.safehoo.com/News/News/China/201308/321914.shtml，最后访问日期：2020 年 6 月 22 日。

吴世杰（2011）研究了安全、自我风格的实现、自我尊重、和谐的社会、愉快与满足自我等六个道路使用价值。他运用结构方程模式的路径分析发现，"自我风格的实现"和"愉快"对机车违规行为的意向有显著的正向影响；加入感知行为控制作为控制变量并未达到预期的效果；安全的价值对行为意向也没有预期的显著影响力。

（三）研究方法和样本情况

本研究采用在线问卷调查的方法，在全国范围随机抽取驾驶人员1083人，年龄介于21~64岁之间，平均年龄为32.86岁，具体分布见图9－2。男女性的比例分别为55.49%和44.51%。

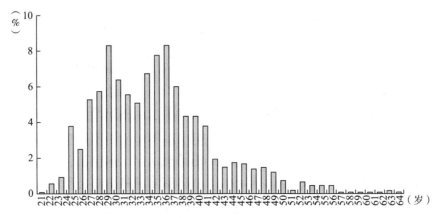

图9－2　被调查者年龄分布

被调查者的驾龄以2~5年为主，6年及以下驾龄占到了8成。95.5%的被调查者的驾龄在10年以内，具体分布见表9－7。

表9－7　被调查者驾龄分布

驾龄（年）	频数	百分比（%）	有效百分比（%）	累计百分比（%）
0	1	0.1	0.1	0.1
1	80	7.4	7.4	7.5
2	171	15.8	15.8	23.3
3	211	19.5	19.5	42.8
4	121	11.2	11.2	54.0
5	193	17.8	17.8	71.8

续表

驾龄（年）	频数	百分比（%）	有效百分比（%）	累计百分比（%）
6	98	9.0	9.0	80.8
7	55	5.1	5.1	85.9
8	44	4.1	4.1	90.0
9	11	1.0	1.0	91.0
10	49	4.5	4.5	95.5
11	9	0.8	0.8	96.3
12	13	1.2	1.2	97.5
14	3	0.3	0.3	97.8
15	12	1.1	1.1	98.9
16	2	0.2	0.2	99.1
17	2	0.2	0.2	99.3
18	3	0.3	0.3	99.5
20	5	0.5	0.5	100.0
合计	1083	100.0	100.0	

被调查者所购汽车的总价（车价加购置税等合计）主要分布在 10 万~25 万元之间，占到了 67.2%。

表 9-8　被调查者购车车价

车价	频数	百分比（%）	有效百分比（%）	累计百分比（%）
3 万元以下	2	0.2	0.2	0.2
3 万（含）~5 万元	11	1.0	1.0	1.2
5 万（含）~10 万元	89	8.2	8.2	9.4
10 万（含）~15 万元	290	26.8	26.8	36.2
15 万（含）~20 万元	270	24.9	24.9	61.1
20 万（含）~25 万元	168	15.5	15.5	76.6
25 万（含）~30 万元	92	8.5	8.5	85.1
30 万（含）~40 万元	91	8.4	8.4	93.5
40 万（含）~50 万元	23	2.1	2.1	95.6
50 万（含）~60 万元	27	2.5	2.5	98.1
60 万（含）~70 万元	3	0.3	0.3	98.4

续表

车价	频数	百分比（%）	有效百分比（%）	累计百分比（%）
70万（含）~80万元	6	0.6	0.6	99.0
80万（含）~90万元	1	0.1	0.1	99.1
90万（含）~100万元	6	0.6	0.6	99.7
100万元及以上	3	0.3	0.3	100.0
没想好/说不清	1	0.1	0.1	100.1
合计	1083	100.0	100.0	

被调查者使用较多的车型是微型轿车、中级轿车和越野车（SUV），分别约占2成、6成和1成，如表9-9所示。

表9-9 被调查者使用车型分布

	频数	百分比（%）	有效百分比（%）	累计百分比（%）
微型轿车	224	20.7	20.7	20.7
中级轿车	642	59.3	59.3	80.0
高级轿车	58	5.4	5.4	85.3
面包车	10	0.9	0.9	86.2
跑车	1	0.1	0.1	86.3
越野车（SUV）	128	11.8	11.8	98.2
货车	5	0.5	0.5	98.6
多功能车（MPV）	13	1.2	1.2	99.8
其他	2	0.2	0.2	100.0
合计	1083	100.0	100.0	

问卷调查主要关注风险驾驶行为，如酒后驾车、不使用安全带、不使用儿童安全座椅、恶劣天气驾驶、分心驾驶、超速驾驶、应紧处理等方面。

为了研究影响风险驾驶行为的因素，本研究还调查了驾驶者对于不当驾驶行为危险性的认知；驾驶者的驾驶态度，包括对于违反交通规则的态度、对超速行驶的态度和追求驾驶刺激性的态度；消极驾驶情绪，包括驾驶愤怒、驾驶厌恶和驾驶紧张；驾驶能力，包括驾驶技能和防卫性驾驶能力。驾驶行为，包括上述风险驾驶行为和攻击性驾驶行为，具体分为违规驾驶、危险驾驶和驾驶过失（无害性过失和危险性过失）。在此基础上，探讨这些因素之间的关系（见图9-3）。

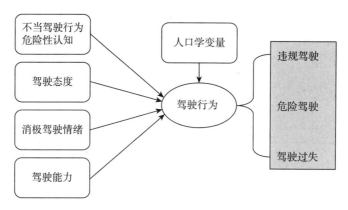

图9-3　本研究结构示意

二　交通伤害的主要风险因素

世界卫生组织的研究认为，道路交通危险由四个要素构成：第一个要素是人群的暴露状态，即不同的道路使用者或一定密度的人群在交通体系当中的运动量；第二个要素是在特定的暴露状态下发生事故的潜在可能性；第三个要素是一旦事故发生之后，造成伤害的可能性；第四个要素是伤害的结果（Peden et al.，2004）。也就是说，参与交通行动越多，可能的风险越大；这种风险又取决于发生事故的潜在可能性，而这种可能性的影响因素很多，如表9-10所示。不同的交通方式和旅行里程对乘客造成的风险不同；造成伤害的可能性也是由许多因素决定的，许多人为的因素增加了这种可能性；对于人员伤害的后果，一般我们讨论的是死亡和受伤。

在造成伤害的可能性上，一般来说，下面一些因素增加了伤害的可能性，即影响伤害严重程度的危险因素，包括人体的耐受能力、速度不当或超速、不使用安全带和儿童安全座椅、两轮车使用者不戴安全头盔、路旁物体没有采用碰撞保护措施、对乘客和被车辆碰撞者缺乏足够的碰撞保护、酗酒和使用其他药品（Peden et al.，2004）。在这些因素中，就汽车安全问题来说，人体的耐受能力几乎是无法改变的。而对于汽车来说，对驾乘人员和路人的碰撞保护基本是依靠技术手段来实现的，如提高车身对驾乘人员的安全性可以使用驾乘人员安全气囊、行人安全气囊等主动被动的安全技术等。除此之外，其他的因素基本上带有很大的人为性，超速、不使用安全带、儿童乘车不使用安全座椅、酒后驾车都是较大的汽车使用安全隐患，关系到伤害发生的可能性和伤害的严重性。因此，它们也成为本研究的研究重点。

表 9 – 10　2001～2002 年欧盟国家交通方式与乘客死亡率

	死亡人数/每亿乘客公里数[a]	死亡人数/每亿乘客旅行小时数[b]
道路（总数）	0.95	28
两轮机动车	13.8	440
步行	6.4	75
自行车	5.4	25
汽车	0.7	25
公共汽车和长途汽车	0.07	2
轮船	0.25	16
飞机（民航）	0.035	8
铁路	0.035	2

注：[a] 乘客公里数是指所有乘客以该种交通方式旅行的总距离；[b] 乘客旅行小时数是指所有乘客以该种交通方式旅行的时间总和。

资料来源：Peden et al., 2004。

（一）增加交通伤害可能性的主要因素

1. 酒后驾驶

我国酒后驾驶的标准是：血液酒精含量超过 20mg/ml 但不足 80mg/ml 的为酒驾，达到或超过 80mg/ml 为醉驾。这一酒驾标准在国际标准中属于比较严格的。

在本次调研中，对于"不会被查到的情况下，即使喝了一点酒也会开车上路"的行为，受访者认为很符合的占 1.8%，比较符合的占 8.3%，不太符合的占 58.7%，很不符合的占 31.2%。对于"当意识到你的血液酒精含量已经超过法定标准的时候，还开车上路"这一驾驶行为，受访者中选择很不符合的占 65.9%，不太符合的占 24.3%，比较符合的占 7.4%，很符合的占 2.3%。可见，驾驶者对于酒后驾驶还是相当谨慎的，但是离零酒驾还相去甚远。比较轻度酒驾和严重酒驾的行为数据可以发现，对于喝一点酒会开车上路的侥幸心理还是存在的。

2. 不使用安全带

一般情况下不使用安全带或者为了应付检查而假装系了安全带的风险驾驶行为比较严重，有 2.3% 和 12.5% 的受访者分别选择了很符合和比较符合，有 35.3% 和 49.9% 的受访者分别选择了不太符合和很不符合，说明驾驶者对系安全带没有引起足够的重视，这就给道路安全造成了潜在风险。

3. 不使用儿童安全座椅

已装有儿童安全座椅的受访者仅占 50.8%，准备购买安装的占 31.3%，还没有安装、以后也不打算购买/安装的占 17.9%。数据显示，儿童安全座椅的普及度较低，这就给儿童乘车埋下了安全隐患。

4. 恶劣天气驾驶

只有 3.2% 的受访者选择自己在遇到暴雨、雷电、下雪、浓雾等极端天气时不太会应付，21.6% 的受访者认为比较符合这种情况，选择不太符合与很不符合的受访者分别占 48.8% 和 26.4%，可见大部分受访者认为恶劣天气驾驶问题不大。然而对驾驶技术过分自信，缺乏对恶劣天气情况的准确估计是道路安全的一大风险因素。

5. 分心驾驶

对于"开车注意力不集中"的问题，受访者中有 2.3% 的人认为很符合自己的行为，31.7% 的人认为比较符合，45.7% 的人认为不太符合，20.3% 的人认为很不符合。由此可见，有 34% 的受访者存在分心驾驶的行为，占比相当大。

6. 超速驾驶

本次调查数据显示，能够依据路况判断安全车速的受访者占比较高，认为自己很符合的占 34.8%，认为自己比较符合的占 57%。这说明大部分驾驶员具有判断安全车速的能力，超速行驶风险是可控的。然而，超速驾驶的行为却是较为普遍存在的道路风险因素。高达 25.5% 的受访者会在没有测速装置的路段超速行驶，16.4% 的受访者会在夜里或者黎明开车的时候不顾限速规定。可见，相当一部分驾驶者在日常驾驶行为中做不到自觉自愿地按照限速行驶，并且会在其认为风险较小的情况下（夜里或者黎明）违反限速规定。

夜里和黎明因为道路上车辆较少，驾驶员容易放松警惕。2.9%的受访者选择很符合"夜里或黎明不顾限速规定开车"，13.5%的受访者选择了比较符合，41.6%的受访者选择不太符合，42%的受访者选择不符合。

在限速之下，行驶有时是主动的行为，有时是被动的行为。行驶在没有测速装置的路段时，是否有超速行驶行为是检验驾驶者是否自觉的指标。2.2%的受访者选择很符合"在没有测速装置的路段超速行驶"，23.3%的人选择比较符合，52.1%的人选择不太符合，22.4%的人选择很不符合。由此可见，有25.5%的受访者都没有按照限速行驶，这也构成了道路安全的重要风险之一。

7. 应急处理

驾驶过程中，驾驶员会常常遇到预料之外的紧急情况，处理不当往往会造成严重的后果，这就对驾驶员提出了更高的要求。表9-11显示了受访者的应急处理情况，24.6%的受访者表示遇到紧急情况会很慌张，不知道怎么办。

表9-11 风险因素之应急处理

应急处理	很符合	比较符合	不太符合	很不符合
遇到交通事故、汽车故障我很慌张，不知道怎么办	2.3%	22.3%	45.7%	29.7%

以上各种因素的数据统计结果显示，造成道路风险前三位的因素为：分心驾驶，约占34.0%；超速驾驶，约占25.5%；应急处理，约占24.6%。由此，在制定交通政策时，应相对注意这三种道路风险因素。

（二）增加交通伤害风险的相关影响因素

1. 性别

如表9-12所示，男女驾驶员在超速驾驶、酒后驾驶和不使用安全带三个方面存在显著差异，男性比女性交通伤害的可能性更高。女性在开车注意力不集中上略高于男性，但并无显著差异存在。

表 9 - 12 男女驾驶员在交通伤害风险因素上的差异

		N	均值	F	显著性
超速驾驶	男	601	2.10	5.620	0.018
	女	482	1.99		
	总数	1083	2.05		
酒后驾驶	男	601	1.59	9.402	0.002
	女	482	1.45		
	总数	1083	1.53		
不使用安全带	男	601	1.72	6.162	0.013
	女	482	1.61		
	总数	1083	1.67		
开车注意力不集中	男	601	2.14	1.257	0.262
	女	482	2.19		
	总数	1083	2.16		

2. 年龄

如表 9 - 13 所示，把受访者根据年龄分为数量相近的三个组，统计结果显示，21～29 岁组、30～34 岁组和 35～64 岁组之间在超速驾驶、酒后驾驶和不使用安全带三个方面均不存在显著差异。但在开车注意力不集中上，三个年龄组存在显著差异，且年龄越小注意力越不集中，造成伤害的可能性越大。

表 9 - 13 不同年龄驾驶员在交通伤害风险因素上的差异

		N	均值	标准差	F	显著性
超速驾驶	21～29 岁	363	2.07	0.789	0.893	0.410
	30～34 岁	362	2.07	0.724		
	35～64 岁	358	2.01	0.692		
	总数	1083	2.05	0.736		
酒后驾驶	21～29 岁	363	1.52	0.714	0.020	0.980
	30～34 岁	362	1.52	0.752		
	35～64 岁	358	1.53	0.704		
	总数	1083	1.53	0.723		

续表

		N	均值	标准差	F	显著性
不使用安全带	21~29 岁	363	1.67	0.811	2.052	0.129
	30~34 岁	362	1.73	0.787		
	35~64 岁	358	1.61	0.735		
	总数	1083	1.67	0.779		
开车注意力不集中	21~29 岁	363	2.25	0.780	4.806	0.008
	30~34 岁	362	2.15	0.792		
	35~64 岁	358	2.08	0.708		
	总数	1083	2.16	0.764		

3. 婚姻状况

如表9-14所示，把受访者根据婚姻状况分为三个组：未婚/离婚组、已婚无子女组，以及已婚有子女组。统计结果显示，这三组受访者在超速驾驶上存在显著差异，未婚/离婚组在交通伤害上风险最高，其次是已婚无子女组，已婚有子女组风险最低。在开车注意力不集中上，三个组也存在显著差异，但未婚/离婚组与已婚无子女组造成伤害的风险接近，都高于已婚有子女组。

表9-14　不同婚姻状况驾驶员在交通伤害风险因素上的差异

		N	均值	标准差	F	显著性
超速驾驶	未婚/离婚	124	2.22	0.781	4.108	0.017
	已婚无子女	72	2.11	0.723		
	已婚有子女	887	2.02	0.728		
	总数	1083	2.05	0.736		
酒后驾驶	未婚/离婚	124	1.52	0.727	1.196	0.303
	已婚无子女	72	1.40	0.705		
	已婚有子女	887	1.54	0.724		
	总数	1083	1.53	0.723		
不使用安全带	未婚/离婚	124	1.77	0.903	1.726	0.179
	已婚无子女	72	1.56	0.767		
	已婚有子女	887	1.67	0.761		
	总数	1083	1.67	0.779		

		N	均值	标准差	F	显著性
开车注意力 不集中	未婚/离婚	124	2.28	0.781	3.271	0.038
	已婚无子女	72	2.29	0.701		
	已婚有子女	887	2.13	0.764		
	总数	1083	2.16	0.764		

4. 受教育程度

如表9-15所示，由于受访者中初中和高中学历者很少，所以合并到大专学历一组，组成中等和大专学历组、本科学历组和研究生学历组。统计结果显示，在超速驾驶、酒后驾驶、不使用安全带和开车注意力不集中四个方面三个不同受教育程度组不存在显著差异。

表9-15　不同学历驾驶员在交通伤害风险因素上的差异

		N	均值	标准差	F	显著性
超速驾驶	中等和大专学历	150	1.95	0.712	1.755	0.173
	本科学历	845	2.07	0.737		
	研究生学历	88	2.06	0.764		
	总数	1083	2.05	0.736		
酒后驾驶	中等和大专学历	150	1.47	0.702	0.539	0.583
	本科学历	845	1.54	0.725		
	研究生学历	88	1.51	0.743		
	总数	1083	1.53	0.723		
不使用 安全带	中等和大专学历	150	1.63	0.824	0.695	0.500
	本科学历	845	1.67	0.775		
	研究生学历	88	1.75	0.747		
	总数	1083	1.67	0.779		
开车注意力 不集中	中等和大专学历	150	2.09	0.794	0.796	0.451
	本科学历	845	2.17	0.757		
	研究生学历	88	2.17	0.776		
	总数	1083	2.16	0.764		

5. 驾龄

如表 9 - 16 所示，把受访者根据驾龄长短分为人数大致相等的三个组，分别是驾龄在 2 年及以下组、3 ~ 5 年组和 6 年及以上组。统计结果显示，不同驾龄的三个组之间在超速驾驶、酒后驾驶、不使用安全带和开车注意力不集中四个方面均不存在显著差异。

表 9 - 16　不同驾龄驾驶员在交通伤害风险因素上的差异

		N	均值	标准差	F	显著性
超速驾驶	2 年及以下	252	2.04	0.719	0.093	0.911
	3 ~ 5 年	525	2.05	0.756		
	6 年及以上	306	2.07	0.717		
	总数	1083	2.05	0.736		
酒后驾驶	2 年及以下	252	1.48	0.694	1.508	0.222
	3 ~ 5 年	525	1.51	0.735		
	6 年及以上	306	1.58	0.725		
	总数	1083	1.53	0.723		
不使用安全带	2 年及以下	252	1.68	0.786	0.554	0.575
	3 ~ 5 年	525	1.65	0.774		
	6 年及以上	306	1.71	0.784		
	总数	1083	1.67	0.779		
开车注意力不集中	2 年及以下	252	2.24	0.735	1.788	0.168
	3 ~ 5 年	525	2.14	0.765		
	6 年及以上	306	2.12	0.784		
	总数	1083	2.16	0.764		

6. 车价

如表 9 - 17 所示，把受访者根据所开车的价格分为三个组，分别是 15 万元以下组、15 万 ~ 25 万元组和 25 万元及以上组。统计结果显示，三组受访者在酒后驾驶、开车注意力不集中方面存在显著差异，而在超速驾驶和不使用安全带方面不存在显著差异。进一步分析发现，15 万 ~ 25 万元组赞成酒后驾驶的比例最低，其次是 15 万元以下组，25 万元及以上组赞成酒后驾驶的比例最高。而在开车注意力不集中上，15 万元以下组得分最高，其次是 15 万 ~ 25 万元组，25 万元及以上组得分最低。

表 9 - 17　开不同价格汽车驾驶员在交通伤害风险因素上的差异

		N	均值	标准差	F	显著性
超速驾驶	15 万元以下	392	2.10	0.744	1.237	0.291
	15 万～25 万元	438	2.03	0.720		
	25 万元及以上	253	2.02	0.750		
	总数	1083	2.05	0.736		
酒后驾驶	15 万元以下	392	1.51	0.704	2.785	0.062
	15 万～25 万元	438	1.49	0.712		
	25 万元及以上	253	1.62	0.765		
	总数	1083	1.53	0.723		
不使用安全带	15 万元以下	392	1.70	0.801	0.715	0.490
	15 万～25 万元	438	1.64	0.746		
	25 万元及以上	253	1.69	0.802		
	总数	1083	1.67	0.779		
开车注意力不集中	15 万元以下	392	2.27	0.732	6.746	0.001
	15 万～25 万元	438	2.11	0.771		
	25 万元及以上	253	2.07	0.784		
	总数	1083	2.16	0.764		

7. 其他相关因素

有研究表明，消极驾驶情绪和驾驶技能也是影响交通伤害可能性的因素。本研究把消极驾驶情绪分为驾驶愤怒、驾驶厌恶和驾驶紧张（详见本研究第五部分），把驾驶能力分为驾驶技能和防卫性驾驶。表 9 - 18 为这些因素与超速驾驶、酒后驾驶、不使用安全带和开车注意力不集中的相关性分析。

表 9 - 18　影响交通伤害可能性的相关因素分析

		超速驾驶	酒后驾驶	不使用安全带	开车注意力不集中	驾驶愤怒	驾驶厌恶	驾驶紧张	驾驶技能	防卫性驾驶
超速驾驶	相关性	1	0.401**	0.382**	0.431**	0.431**	0.244**	0.279**	-0.165**	-0.441**
	显著性		0.000	0.000	0.000	0.000	0.000	0.000	0.000	0.000
酒后驾驶	相关性	0.401**	1	0.441**	0.274**	0.362**	0.180**	0.272**	-0.135**	-0.287**
	显著性	0.000		0.000	0.000	0.000	0.000	0.000	0.000	0.000

续表

		超速驾驶	酒后驾驶	不使用安全带	开车注意力不集中	驾驶愤怒	驾驶厌恶	驾驶紧张	驾驶技能	防卫性驾驶
不使用安全带	相关性	0.382**	0.441**	1	0.331**	0.350**	0.141**	0.253**	-0.173**	-0.256**
	显著性	0.000	0.000		0.000	0.000	0.000	0.000	0.000	0.000
开车注意力不集中	相关性	0.431**	0.274**	0.331**	1	0.421**	0.275**	0.362**	-0.217**	-0.325**
	显著性	0.000	0.000	0.000		0.000	0.000	0.000	0.000	0.000
驾驶愤怒	相关性	0.431**	0.362**	0.350**	0.421**	1	0.440**	0.689**	-0.248**	-0.377**
	显著性	0.000	0.000	0.000	0.000		0.000	0.000	0.000	0.000
驾驶厌恶	相关性	0.244**	0.180**	0.141**	0.275**	0.440**	1	0.536**	-0.362**	-0.287**
	显著性	0.000	0.000	0.000	0.000	0.000		0.000	0.000	0.000
驾驶紧张	相关性	0.279**	0.272**	0.253**	0.362**	0.689**	0.536**	1	-0.305**	-0.263**
	显著性	0.000	0.000	0.000	0.000	0.000	0.000		0.000	0.000
驾驶技能	相关性	-0.165**	-0.135**	-0.173**	-0.217**	-0.248**	-0.362**	-0.305**	1	0.630**
	显著性	0.000	0.000	0.000	0.000	0.000	0.000	0.000		0.000
防卫性驾驶	相关性	-0.441**	-0.287**	-0.256**	-0.325**	-0.377**	-0.287**	-0.263**	0.630**	1
	显著性	0.000	0.000	0.000	0.000	0.000	0.000	0.000	0.000	

** 表示在 0.01 水平（双侧）上显著相关。

相关分析的结果显示，超速驾驶、酒后驾驶、不使用安全带和开车注意力不集中均与驾驶愤怒、驾驶厌恶和驾驶紧张呈极其显著的正相关关系，也就是这些消极情绪得分越高，采取这些不当驾驶行为的可能性越高；而与驾驶技能和防卫性驾驶均呈极其显著的负相关，也就是驾驶技能越高、防卫性驾驶得分越高，发生超速驾驶、酒后驾驶、不使用安全带和开车注意力不集中的行为的可能性越低。

三 对不当驾驶行为危险性的认知

对一些驾驶行为和现象的危险性认知决定了驾驶者是否采取这样的驾驶行为，对于不当驾驶行为的危险性评价越高，他们采取这些不当驾驶行为的可能性越低。

（一）对不当驾驶行为危险性的认知

本研究选择了 20 项常见的不当驾驶行为，要求被调查者对这些项目的危险性进行评价，包括：超速驾驶、与行人抢道、酒后驾驶、不系安全带、不使用儿童安全座椅、在恶劣天气驾驶、进入逆向车道超车、走应急车道、突然拐弯并线、疲劳驾驶、开车走神、拐弯并线不打转向灯、压实线违章变道、开车接打手机（看或发短信、微信）等。要求被调查者对 20 项不当驾驶行为进行打分，选择不危险记 1 分，选择不太危险记 2 分，选择比较危险记 3 分，选择很危险记 4 分。将每个被调查者的 20 项回答得分加起来得到其对不当驾驶行为危险性认知的总分，分数越高代表被调查者对这些行为的危险性的认知越高。统计结果显示，被调查者对不当驾驶行为危险性的认知得分最低为 39 分，最高为 80 分，平均分为 69.29 分，整体上对不当驾驶行为的认知介于比较危险和很危险之间。从图 9 - 4 可以看到被调查者对不当驾驶行为危险性的认知得分分布，选择人数最多的是 80 分，有 86 人认为这些不当驾驶行为很危险；也有大约一成的被调查者对不当驾驶行为危险性的认知得分低于 60 分，也就是低于比较危险水平，这些人的认识构成了交通伤害的隐患。

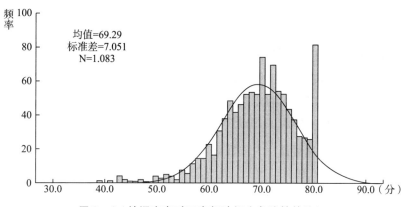

图 9 - 4　被调查者对不当驾驶行为危险性的认知

1. 对酒后驾驶危险性的认知

酒后驾驶是我国较为普遍也较为严重的驾驶违规行为，被调查者对酒后驾驶可能导致严重交通事故的认知度很高，绝大多数的被调查者（92.9%）能够认识到酒后驾驶的高危险性。但仍有 1.3% 的被调查者认为酒后驾驶不太危险，0.3% 的被调查者认为不危险。

2. 对不使用安全带危险性的认知

被调查者对不使用安全带危险性的认知与对酒后驾驶危险性的认知

相比程度就低很多，被调查者对其危险程度的认知明显是不够的。仅有32.7%的被调查者认为不使用安全带是很危险的行为；56.6%的被调查者心存侥幸，认为不使用安全带是比较危险的行为；而认为不使用安全带不危险和不太危险的则多达10.7%。

3. 对恶劣天气驾驶危险性的认知

恶劣天气直接影响路况，也是道路安全重要的威胁因素。34.2%的被调查者认为恶劣天气驾驶是很危险的，55.4%认为比较危险，9.6%认为不太危险，0.8%认为不危险。

4. 对疲劳驾驶危险性的认知

疲劳驾驶是分心驾驶的一种表现，是危险性相当大的行为。70.3%的被调查者认为很危险，28%认为比较危险，1.5%认为不太危险，0.2%认为不危险。开车注意力不集中还表现在开车打电话、发短信或微信。48.7%的被调查者认为开车接打手机（看或发短信、微信）是很危险的行为，45%认为是比较危险的，认为不太危险和不危险的分别占5.9%和0.4%。

5. 对超速驾驶危险性的认知

道路限速规定是根据道路和车流量的情况科学制定出来的，是保证车辆和驾驶人员安全的必要措施。有67.6%的被调查者认为超速驾驶是很危险的，31.1%认为比较危险，1.3%认为不太危险，很少有受访者（0.1%）认为是不危险的。

6. 对其他不当驾驶行为危险性的认知

被调查者对其他不当驾驶行为危险性的认知见表9-19。

表9-19 被调查者对其他不当驾驶行为危险性的认知

单位：%

不当驾驶行为	不危险	不太危险	比较危险	很危险
与行人抢道	0.1	1.7	34.1	64.1
进入逆向车道超车	0.4	1.3	16.0	82.3
走应急车道	2.6	17.7	49.6	30.1
突然拐弯并线	0.2	1.9	33.0	64.9
拐弯并线不打转向灯	0.3	5.1	52.4	42.2

不当驾驶行为	不危险	不太危险	比较危险	很危险
压实线违章变道	1.1	13.5	52.5	32.9
非十字路口掉头	1.0	6.4	38.6	54.0
随意变道插队	0.5	6.0	44.5	49.0
超车时距离前车太近	0.3	3.8	42.9	53.0
乱闪大灯	1.6	12.5	54.8	31.1
左转时和直行车抢道	0.5	3.8	42.1	53.6
不遵守交通信号灯	0.3	2.3	29.8	67.6

7. 五种最危险的不当驾驶行为

被调查者认为的最危险的不当驾驶行为是哪些呢？被调查者对酒后驾驶危险性的认知度是最高的，有92.9%的被调查者认为它是很危险的行为。有82.3%的被调查者认为进入逆向车道超车的行为是很危险的，疲劳驾驶（70.3%）为第三危险行为，超速驾驶和不遵守交通信号灯（67.6%）并列成为第四危险行为，突然拐弯并线（64.9%）排在第五。

然而人们对哪些行为的危险性的认知是不够的呢？要知道麻痹大意是交通事故的导火索之一，认知度低的危险行为不代表行为本身不危险。认知度低的五项分别为：认为走应急车道很危险的（30.1%）、认为乱闪大灯很危险的（31.1%）、认为不使用安全带很危险的（32.7%）、认为压实线违章变道很危险的（32.9%）、认为恶劣天气驾驶很危险的（34.2%）。

（二）影响不当驾驶行为危险性认知的相关因素

关于不当驾驶行为危险性认知的影响因素，本次研究得出的结论与国外相关研究成果的结论基本一致，即人口学变量对不当驾驶行为危险性认知几乎没有影响，而驾驶者的社会变量则对其不当驾驶行为危险性认知有较大影响。由表9-20可知，男性和女性被调查者、不同婚姻状况的被调查者、不同受教育程度的被调查者、不同驾龄的被调查者和开不同价格汽车的被调查者在对不当驾驶行为危险性的认知上并无显著差异。

表 9 - 20　社会变量对被调查者不当驾驶行为危险性认知的影响

社会变量	分组	N	均值	标准差	F	显著性
性别	男	601	69.1631	7.08308	0.456	0.500
	女	482	69.4544	7.01491		
	总数	1083	69.2927	7.05106		
年龄	21~29 岁	363	68.7300	6.82042	3.280	0.038*
	30~34 岁	362	70.0331	6.95685		
	35~64 岁	358	69.1145	7.32562		
	总数	1083	69.2927	7.05106		
婚姻状况	未婚/离婚	124	68.9113	7.03650	1.861	0.156
	已婚无子女	72	67.8889	8.60814		
	已婚有子女	887	69.4600	6.90620		
	总数	1083	69.2927	7.05106		
受教育程度	中等和大专学历	150	69.8600	6.15246	2.471	0.085
	本科学历	845	69.3467	7.11545		
	研究生学历	88	67.8068	7.71453		
	总数	1083	69.2927	7.05106		
驾龄	2 年及以下	252	69.8135	6.99352	0.896	0.409
	3~5 年	525	69.1333	7.07413		
	6 年及以上	306	69.1373	7.06091		
	总数	1083	69.2927	7.05106		
车价	15 万元以下	392	69.4592	6.65199	0.171	0.843
	15 万~25 万元	438	69.1963	6.74836		
	25 万元及以上	253	69.2016	8.11004		
	总数	1083	69.2927	7.05106		

*　$p < 0.05$。

　　只有不同年龄的被调查者之间存在显著差异，21~29 岁组的危险性认知得分最低，30~34 岁组的危险性认知得分最高，但与 35~64 岁组得分接近。

　　表 9 - 21 是消极驾驶情绪和驾驶能力与不当驾驶行为危险性认知的相关分析结果，结果显示，不当驾驶行为危险性认知与驾驶愤怒、驾驶厌恶和驾驶紧张均呈极其显著的负相关，而与驾驶技能和防卫性驾驶均呈极其显著的正相关。

表 9 – 21　不当驾驶行为危险性认知与消极驾驶情绪和驾驶能力的相关分析

		不当驾驶危险性认知	驾驶愤怒	驾驶厌恶	驾驶紧张	驾驶技能	防卫性驾驶
不当驾驶危险性认知	相关性	1	– 0.210**	– 0.170**	– 0.121**	0.411**	0.521**
	显著性		0.000	0.000	0.000	0.000	0.000
驾驶愤怒	相关性	– 0.210**	1	0.440**	0.689**	– 0.248**	– 0.377**
	显著性	0.000		0.000	0.000	0.000	0.000
驾驶厌恶	相关性	– 0.170**	0.440**	1	0.536**	– 0.362**	– 0.287**
	显著性	0.000	0.000		0.000	0.000	0.000
驾驶紧张	相关性	– 0.121**	0.689**	0.536**	1	– 0.305**	– 0.263**
	显著性	0.000	0.000	0.000		0.000	0.000
驾驶技能	相关性	0.411**	– 0.248**	– 0.362**	– 0.305**	1	0.630**
	显著性	0.000	0.000	0.000	0.000		0.000
防卫性驾驶	相关性	0.521**	– 0.377**	– 0.287**	– 0.263**	0.630**	1
	显著性	0.000	0.000	0.000	0.000	0.000	

** $p < 0.01$。

四　驾驶态度

（一）驾驶态度特点

驾驶态度是驾驶员日常所持有的驾驶理念和价值观，是指导驾驶员日常驾驶行为的准则。驾驶态度包括安全驾驶、规则意识等。本研究依据国内外文献发展出驾驶态度量表。量表共分为三部分，共有 15 个题目，其中违反交通规则态度 7 个题目，超速驾驶态度 5 个题目，驾驶刺激性态度 3 个题目。该量表为 4 点量表，1 表示很不符合，2 表示不太符合，3 表示比较符合，4 表示很符合。得分越高表示越赞成违反交通规则、超速行驶和开车追求刺激。结果显示，违反交通规则态度平均得分为 13.96 分，接近于不太符合水平；计算被调查者在违反交通规则态度上的得分分布，可以看出"很不符合"的比例为 4.4%，"比较符合"的比例是 43.6%，"很符合"的比例为 4.9%。也就是说仅在违规驾驶态度上，接近五成的被调查者存在风险隐患，4.9%的被调查者属于高风险违规者。

超速行驶态度平均得分为 10.15 分，略高于"不太符合"水平；计算被调查者在超速态度上的得分分布，可以看出"很不符合"的比例为 5.1%，"比较符合"的比例是 44.8%，"很符合"的比例为 10.1%。也就是说仅在超速行驶态度上，接近五成的被调查者存在风险隐患，约 10%的被调查者属于高风险超速行驶者。

驾驶刺激性态度平均得分为 8.10 分，接近"比较符合"水平；计算被调查者在驾驶刺激性态度上的得分分布，可以看出"比较符合"的比例是 80.9%。也就是说仅在驾驶刺激性态度上，八成多被调查者能从驾驶中体验快感刺激。

（二）影响安全驾驶态度的相关因素

1. 性别

如表 9 - 22 所示，不同性别被调查者在违反交通规则态度、超速行驶态度和驾驶刺激性态度上均存在极其显著的差异，且男性在违反交通规则态度、超速行驶态度和驾驶刺激性态度上的得分都高于女性。

表 9 - 22　不同性别被调查者驾驶态度的差异分析

		N	均值	标准差	F	显著性
违反交通规则态度	男	601	14.330	3.877	13.586	0.000
	女	482	13.488	3.552		
	总数	1083	13.955	3.757		
超速行驶态度	男	601	10.368	2.667	9.780	0.002
	女	482	9.8718	2.504		
	总数	1083	10.147	2.606		
驾驶刺激性态度	男	601	8.325	1.823	19.512	0.000
	女	482	7.817	1.944		
	总数	1083	8.099	1.893		

2. 年龄

统计分析结果显示（见表9－23），不同年龄的被调查者在违反交通规则态度、超速行驶态度和驾驶刺激性态度上没有显著差异。

表9－23　不同年龄被调查者驾驶态度的差异分析

		N	均值	标准差	F	显著性
违反交通规则态度	21～29 岁	363	13.9477	3.62008	1.201	0.301
	30～34 岁	362	14.1740	3.89617		
	35～64 岁	358	13.7402	3.74870		
	总数	1083	13.9548	3.75728		
超速行驶态度	21～29 岁	363	10.1240	2.64649	0.077	0.926
	30～34 岁	362	10.1906	2.53936		
	35～64 岁	358	10.1257	2.63851		
	总数	1083	10.1468	2.60627		
驾驶刺激性态度	21～29 岁	363	8.1405	1.90654	1.185	0.306
	30～34 岁	362	8.1796	1.85285		
	35～64 岁	358	7.9749	1.91907		
	总数	1083	8.0988	1.89328		

3. 婚姻状况

如表9－24所示，不同婚姻状况被调查者在违反交通规则态度上没有显著差异，而在超速行驶态度和驾驶刺激性态度上存在极其显著的差异。未婚/离婚组在超速行驶态度上的得分高于已婚无子女组，已婚有子女组在超速行驶态度上的得分最低；而已婚有子女组在驾驶刺激性态度上的得分最高，已婚无子女组的得分最低。

表9－24　不同婚姻状况被调查者驾驶态度的差异分析

		N	均值	标准差	F	显著性
违反交通规则态度	未婚/离婚	124	14.6371	3.83254	2.445	0.087
	已婚无子女	72	14.0833	3.25771		
	已婚有子女	887	13.8489	3.77794		
	总数	1083	13.9548	3.75728		

		N	均值	标准差	F	显著性
超速行驶 态度	未婚/离婚	124	10.8226	2.58214	5.017	0.007
	已婚无子女	72	10.2778	2.70743		
	已婚有子女	887	10.0417	2.58958		
	总数	1083	10.1468	2.60627		
驾驶刺激性 态度	未婚/离婚	124	7.9516	1.91211	11.972	0.000
	已婚无子女	72	7.0972	1.86260		
	已婚有子女	887	8.2007	1.87001		
	总数	1083	8.0988	1.89328		

4. 受教育程度

如表9-25所示，不同受教育程度被调查者在违反交通规则态度和超速行驶态度上均不存在显著差异，而在驾驶刺激性态度上存在极其显著的差异，本科学历组的得分最高，其次是研究生学历组，中等和大专学历组得分最低。

表9-25 不同受教育程度被调查者驾驶态度的差异分析

		N	均值	标准差	F	显著性
违反交通 规则态度	中等和大专学历	150	13.5133	3.53456	1.385	0.251
	本科学历	845	14.0497	3.78666		
	研究生学历	88	13.7955	3.82418		
	总数	1083	13.9548	3.75728		
超速行驶 态度	中等和大专学历	150	10.0467	2.66556	0.485	0.616
	本科学历	845	10.1396	2.56469		
	研究生学历	88	10.3864	2.90236		
	总数	1083	10.1468	2.60627		
驾驶刺激性 态度	中等和大专学历	150	7.6533	1.88240	4.898	0.008
	本科学历	845	8.1763	1.90930		
	研究生学历	88	8.1136	1.65697		
	总数	1083	8.0988	1.89328		

5. 驾龄

统计结果显示（见表9-26），驾龄不同的三组被调查者在违反交通规则态度和超速行驶态度上均不存在显著差异，而在驾驶刺激性态度上存在显著差异，驾龄越长其驾驶刺激性态度得分越高。

表 9 - 26　不同驾龄被调查者驾驶态度的差异分析

		N	均值	标准差	F	显著性
违反交通规则态度	2 年及以下	252	13.8849	3.43503	0.370	0.691
	3～5 年	525	13.8971	3.85185		
	6 年及以上	306	14.1111	3.85313		
	总数	1083	13.9548	3.75728		
超速行驶态度	2 年及以下	252	10.0873	2.55152	0.097	0.907
	3～5 年	525	10.1543	2.60230		
	6 年及以上	306	10.1830	2.66474		
	总数	1083	10.1468	2.60627		
驾驶刺激性态度	2 年及以下	252	7.8095	1.77056	4.272	0.014
	3～5 年	525	8.1410	1.89695		
	6 年及以上	306	8.2647	1.96323		
	总数	1083	8.0988	1.89328		

6. 车价

如表 9 - 27 所示，调查结果显示，车价不同的三组被调查者在违反交通规则态度和超速行驶态度上不存在显著差异，但在驾驶刺激性态度上存在显著差异。统计结果显示，车价越高的被调查者在驾驶刺激性态度上的得分越高。

表 9 - 27　车价不同被调查者驾驶态度的差异分析

		N	均值	标准差	F	显著性
违反交通规则态度	15 万元以下	392	13.8852	3.55441	0.645	0.525
	15 万～25 万元	438	13.8813	3.75625		
	25 万元及以上	253	14.1897	4.05855		
	总数	1083	13.9548	3.75728		
超速行驶态度	15 万元以下	392	10.2653	2.53185	1.025	0.359
	15 万～25 万元	438	10.1461	2.60287		
	25 万元及以上	253	9.9644	2.72312		
	总数	1083	10.1468	2.60627		

续表

		N	均值	标准差	F	显著性
驾驶刺激性 态度	15 万元以下	392	7.8750	1.86698	4.633	0.010
	15 万~25 万元	438	8.1826	1.84861		
	25 万元及以上	253	8.3004	1.98123		
	总数	1083	8.0988	1.89328		

表 9 - 28 为驾驶态度与驾驶情绪、驾驶能力的相关分析结果，结果显示，违反交通规则态度、超速行驶态度与驾驶愤怒、驾驶厌恶和驾驶紧张均呈正相关，也就是越倾向于赞成违反交通规则和超速行驶的被调查者，越表现出消极驾驶情绪；违反交通规则态度、超速行驶态度与驾驶技能和防卫性驾驶均呈负相关，也就是驾驶技能和防卫性驾驶能力越强的被调查者，越倾向于不赞成违反交通规则和超速行驶。

表 9 - 28　驾驶态度与驾驶情绪、驾驶能力的相关分析

		违反交通 规则态度	超速行驶 态度	驾驶愤怒	驾驶厌恶	驾驶紧张	驾驶技能	防卫性 驾驶
违反交通 规则态度	显著性		0.000	0.000	0.000	0.000	0.000	0.000
	相关性	1	0.672 **	0.564 **	0.296 **	0.410 **	- 0.244 **	- 0.474 **
超速行驶 态度	显著性	0.000		0.000	0.000	0.000	0.000	0.000
	相关性	0.672 **	1	0.468 **	0.303 **	0.336 **	- 0.197 **	- 0.419 **
驾驶愤怒	显著性	0.000	0.000		0.000	0.000	0.000	0.000
	相关性	0.564 **	0.468 **	1	0.440 **	0.689 **	- 0.248 **	- 0.377 **
驾驶厌恶	显著性	0.000	0.000	0.000		0.000	0.000	0.000
	相关性	0.296 **	0.303 **	0.440 **	1	0.536 **	- 0.362 **	- 0.287 **
驾驶紧张	显著性	0.000	0.000	0.000	0.000		0.000	0.000
	相关性	0.410 **	0.336 **	0.689 **	0.536 **	1	- 0.305 **	- 0.263 **
驾驶技能	显著性	0.000	0.000	0.000	0.000	0.000		0.000
	相关性	- 0.244 **	- 0.197 **	- 0.248 **	- 0.362 **	- 0.305 **	1	0.630 **
防卫性 驾驶	显著性	0.000	0.000	0.000	0.000	0.000	0.000	
	相关性	- 0.474 **	- 0.419 **	- 0.377 **	- 0.287 **	- 0.263 **	0.630 **	1

** $p < 0.01$。

五 消极驾驶情绪

（一）消极驾驶情绪的特点

研究者研究了被调查者消极驾驶情绪与其不当驾驶行为之间的关联性。被调查者的负面情绪对安全驾驶有一定的影响，为了了解不当驾驶行为与消极驾驶情绪之间的关系，本研究使用了消极驾驶情绪量表，该量表将消极驾驶情绪分为驾驶愤怒、驾驶厌恶和驾驶紧张三类，共 14 个题目。其中驾驶愤怒有 5 个题目。驾驶愤怒是指驾驶者由于超车失败、道路拥堵或对其他驾驶者行为的不满而产生的不悦和愤怒情绪，例如"当我尝试超车却失败时，会有受挫感""其他司机的愚蠢驾驶行为会让我情绪失控""在行驶缓慢的车辆后方会使我觉得很烦"等。驾驶厌恶有 5 个题目。驾驶厌恶就是驾驶者不喜欢开车而不得不开所产生的情绪，例如"我一般不喜欢开车""开车是一件很麻烦的事"。驾驶紧张有 4 个题目。驾驶紧张是驾驶过程使得驾驶者紧张不安，影响其正常驾驶，例如"超别人车时会让我觉得紧张""在天气不好的时候开车会让我感到忧虑"。量表采用 4 点计分，1 表示很不符合，2 表示不太符合，3 表示比较符合，4 表示很符合。分数越高表示驾驶者在驾驶中该种情绪越强烈。

统计结果显示，被调查者在驾驶愤怒上的平均得分为 11 分，略高于"不太符合"水平；在驾驶厌恶上的得分为 9.97 分，略低于"不太符合"水平；在驾驶紧张上的得分为 9.05 分，介于"不太符合"和"比较符合"之间，略高于中值，整体倾向于紧张。消极驾驶情绪量表的总平均得分为 30.02 分，低于中值 35 分，整体处于"不太符合"水平。

在消极驾驶情绪方面，约有 76.5% 的被调查者处在中值和中值以下，也就是 23.4% 的被调查者倾向于有消极驾驶情绪；约 7% 的被调查者处于"比较符合"水平，属于有风险的驾驶者。

在驾驶愤怒方面，被调查者的得分接近于正态分布，也就是说，倾向于驾驶愤怒的比例偏高，得分高于"不太符合"水平的被调查者的比例为 54.8%，达到和超过"比较符合"水平的被调查者的比例为 15.1%。

在驾驶厌恶方面，被调查者的得分与正态分布相比明显向左偏，说明驾驶厌恶情况好于驾驶愤怒的情况。在驾驶厌恶中，得分高于"不太符合"水平的被调查者的比例为37%，达到和超过"比较符合"水平的被调查者的比例为10.3%。

在驾驶紧张方面，被调查者的得分也接近于正态分布。在驾驶紧张量表上，得分高于"不太符合"水平的被调查者的比例为57.3%，高于驾驶愤怒和驾驶厌恶量表的比例；达到和超过"比较符合"水平的被调查者的比例为20.3%，也高于驾驶愤怒和驾驶厌恶量表的比例。这说明驾驶紧张是最普遍的消极驾驶情绪，其次是驾驶愤怒，相对较低的是驾驶厌恶。

（二）影响消极驾驶情绪的相关因素

许多研究显示消极驾驶情绪与不当驾驶和违规驾驶相关。而影响消极驾驶情绪的因素有很多，其中一些是人口学变量。

1. 性别

根据调查结果，男性和女性只在驾驶厌恶上有显著差异，女性驾驶厌恶平均得分高于男性，详见表 9 – 29。

表 9 – 29　不同性别被调查者消极驾驶情绪比较分析

		N	均值	标准差	F	显著性
驾驶愤怒	男	601	11.1398	3.31518	2.473	0.116
	女	482	10.8278	3.15395		
	总数	1083	11.0009	3.24664		
驾驶厌恶	男	601	9.7504	3.06935	6.487	0.011
	女	482	10.2427	3.27232		
	总数	1083	9.9695	3.16928		
驾驶紧张	男	601	8.9667	2.67935	1.365	0.243
	女	482	9.1556	2.59911		
	总数	1083	9.0508	2.64439		
消极驾驶情绪	男	601	29.8569	7.51218	0.634	0.426
	女	482	30.2261	7.66697		
	总数	1083	30.0212	7.58016		

2. 年龄

如表 9 - 30 所示，不同年龄的三组被调查者在驾驶愤怒、驾驶厌恶、驾驶紧张和消极驾驶情绪总分上都不存在显著差异。

表 9 - 30 不同年龄被调查者消极驾驶情绪比较分析

		N	均值	标准差	F	显著性
驾驶愤怒	21 ~ 29 岁	363	11.1212	3.14856	2.222	0.109
	30 ~ 34 岁	362	11.1713	3.35416		
	35 ~ 64 岁	358	10.7067	3.22291		
	总数	1083	11.0009	3.24664		
驾驶厌恶	21 ~ 29 岁	363	9.8044	3.16626	2.256	0.105
	30 ~ 34 岁	362	10.2569	3.21144		
	35 ~ 64 岁	358	9.8464	3.11792		
	总数	1083	9.9695	3.16928		
驾驶紧张	21 ~ 29 岁	363	9.0386	2.61607	2.209	0.110
	30 ~ 34 岁	362	9.2624	2.64422		
	35 ~ 64 岁	358	8.8492	2.66414		
	总数	1083	9.0508	2.64439		
消极驾驶情绪	21 ~ 29 岁	363	29.9642	7.38420	2.623	0.073
	30 ~ 34 岁	362	30.6906	7.71360		
	35 ~ 64 岁	358	29.4022	7.60585		
	总数	1083	30.0212	7.58016		

3. 婚姻状况

同样地，如表 9 - 31 所示，不同婚姻状况的三组被调查者在驾驶愤怒、驾驶厌恶、驾驶紧张和消极驾驶情绪总分上也都不存在显著差异。

表 9 - 31 不同婚姻状况被调查者消极驾驶情绪比较分析

		N	均值	标准差	F	显著性
驾驶愤怒	未婚/离婚	124	11.3629	3.24685	2.404	0.091
	已婚无子女	72	11.5972	2.77138		
	已婚有子女	887	10.9019	3.27665		
	总数	1083	11.0009	3.24664		

续表

		N	均值	标准差	F	显著性
驾驶厌恶	未婚/离婚	124	10.3468	3.30814	2.702	0.068
	已婚无子女	72	10.5833	3.29639		
	已婚有子女	887	9.8670	3.13293		
	总数	1083	9.9695	3.16928		
驾驶紧张	未婚/离婚	124	9.2097	2.50617	0.356	0.701
	已婚无子女	72	9.1667	2.45523		
	已婚有子女	887	9.0192	2.67938		
	总数	1083	9.0508	2.64439		
消极驾驶情绪	未婚/离婚	124	30.9194	7.72452	2.398	0.091
	已婚无子女	72	31.3472	7.27752		
	已婚有子女	887	29.7880	7.57179		
	总数	1083	30.0212	7.58016		

4. 受教育程度

如表9-32所示，不同受教育程度的三组被调查者在驾驶愤怒上的得分存在极其显著的差异，本科学历组在驾驶愤怒上的得分最高，其次是研究生学历组，而中等和大专学历组的得分最低。而这三组被调查者在驾驶厌恶、驾驶紧张和消极驾驶情绪总分上都不存在显著差异。

表9-32 不同受教育程度被调查者消极驾驶情绪比较分析

		N	均值	标准差	F	显著性
驾驶愤怒	中等和大专学历	150	10.3667	3.12259	4.848	0.008
	本科学历	845	11.1621	3.28986		
	研究生学历	88	10.5341	2.86857		
	总数	1083	11.0009	3.24664		
驾驶厌恶	中等和大专学历	150	10.1733	3.21854	0.595	0.551
	本科学历	845	9.9598	3.16015		
	研究生学历	88	9.7159	3.18744		
	总数	1083	9.9695	3.16928		

		N	均值	标准差	F	显著性
驾驶紧张	中等和大专学历	150	8.7000	2.65398	2.425	0.089
	本科学历	845	9.1444	2.66013		
	研究生学历	88	8.7500	2.42236		
	总数	1083	9.0508	2.64439		
消极驾驶情绪	中等和大专学历	150	29.2400	7.30604	2.041	0.130
	本科学历	845	30.2663	7.69279		
	研究生学历	88	29.0000	6.81108		
	总数	1083	30.0212	7.58016		

5. 驾龄

根据调查结果，不同驾龄的三组被调查者在驾驶愤怒上的得分没有显著差异，而在驾驶厌恶上的得分存在极其显著的差异，在驾驶紧张得分和消极驾驶情绪总分上也存在显著差异。驾龄越短的被调查者驾驶厌恶、驾驶紧张和消极驾驶情绪总分的得分越高，详见表9-33。

表9-33　不同驾龄被调查者消极驾驶情绪比较分析

		N	均值	标准差	F	显著性
驾驶愤怒	2年及以下	252	10.9960	3.04743	0.263	0.769
	3~5年	525	11.0648	3.30677		
	6年及以上	306	10.8954	3.30854		
	总数	1083	11.0009	3.24664		
驾驶厌恶	2年及以下	252	10.5516	3.20254	6.685	0.001
	3~5年	525	9.9162	3.03300		
	6年及以上	306	9.5817	3.30943		
	总数	1083	9.9695	3.16928		
驾驶紧张	2年及以下	252	9.4325	2.49929	4.134	0.016
	3~5年	525	9.0171	2.61486		
	6年及以上	306	8.7941	2.78051		
	总数	1083	9.0508	2.64439		

		N	均值	标准差	F	显著性
消极驾驶 情绪	2 年及以下	252	30.9802	7.11121	3.533	0.030
	3~5 年	525	29.9981	7.54667		
	6 年及以上	306	29.2712	7.94045		
	总数	1083	30.0212	7.58016		

6. 车价

根据调查结果，车价不同的三组被调查者在驾驶愤怒上的得分没有显著差异，而在驾驶厌恶和消极驾驶情绪总分上存在极其显著的差异，在驾驶紧张上也存在显著的差异。车价越低的被调查者驾驶厌恶得分越高；车价最低组驾驶紧张得分最高，其次是 25 万元及以上组，15 万 ~25 万元组得分最低；在消极驾驶情绪总分的得分上所开汽车车价越高，消极驾驶情绪总分得分越低，详见表 9-34。

表 9-34 车价不同被调查者消极驾驶情绪比较分析

		N	均值	标准差	F	显著性
驾驶愤怒	15 万元以下	392	11.1173	3.00749	0.669	0.512
	15 万 ~25 万元	438	10.8653	3.31595		
	25 万元及以上	253	11.0553	3.47852		
	总数	1083	11.0009	3.24664		
驾驶厌恶	15 万元以下	392	10.5179	3.07364	10.127	0.000
	15 万 ~25 万元	438	9.7717	3.08283		
	25 万元及以上	253	9.4625	3.34575		
	总数	1083	9.9695	3.16928		
驾驶紧张	15 万元以下	392	9.3597	2.41388	4.220	0.015
	15 万 ~25 万元	438	8.8699	2.68890		
	25 万元及以上	253	8.8854	2.86583		
	总数	1083	9.0508	2.64439		
消极驾驶 情绪	15 万元以下	392	30.9949	6.67974	5.122	0.006
	15 万 ~25 万元	438	29.5068	7.76802		
	25 万元及以上	253	29.4032	8.39758		
	总数	1083	30.0212	7.58016		

六 风险驾驶行为的影响因素

(一) 风险驾驶行为特点

许多研究者认为，交通事故的发生有许多人为的原因，研究者应该区分这些原因。根据以往研究，风险驾驶行为主要分为几种类型：疏忽、差错、无意违规和蓄意违规。本研究采用了国际上比较常用的风险驾驶行为测量工具，即 Reason 等的 DBQ（Driver Behavior Questionnaire，驾驶者行为问卷）（Reason et al.，1990）。这一测量工具被国内研究者修订后分成四个分量表：无害性失误、危险性失误、危险性违规和攻击性违规（庄明科、白海峰、谢晓非，2007）。危险性失误是指驾驶者在驾驶过程中因不当操作而可能导致交通事故的行为，如"当改变车道或者并线的时候，没有看后视镜""在打滑的路面上刹车刹得太急，或刹车时使车滑出路面"等。无害性失误是指驾驶者有不当操作和驾驶行为，但该操作和行为不会导致直接的不安全后果，如"想要驶往 A 地，却走在去往 B 的路线上，因为 B 可能是你经常去的地方""忘记把车停在停车场的哪个位置了"。危险性违规是指驾驶者有明显的违规行为，这些违规行为可能直接导致交通事故发生，如"在夜里或黎明开车的时候，不顾及限速规定""当意识到血液酒精含量已经超过法定标准的时候，还开车上路"。攻击性违规是指驾驶者有意表达对于其他驾驶者的不满和情绪的行为，如"当对另一个司机的驾驶行为感到生气的时候，会跟着这辆车，然后向那个司机表示愤怒""对公路上的某一些司机或行人感到非常气愤，并且用能用的方法去表示对他们的不满"。量表共 21 个题目，其中危险性失误 8 个题目，无害性失误 5 个题目，危险性违规和攻击性违规各 4 个题目。危险性失误平均得分为 15.30 分，无害性失误平均得分 9.91 分，危险性违规平均得分 6.70 分，攻击性违规平均得分 7.60 分，均略低于"不太符合"水平，总分也处于这一水平。危险性违规得分最低，危险性失误得分最高。

在风险驾驶行为得分方面，被调查样本整体分布与正态分布相比略微向左偏，表示倾向于不采取风险驾驶行为的比例更高。得分高于"不太符合"水平的比例为 33.8%，而选择了"比较符合"以上水平的被调查者占4.9%。

在危险性失误行为得分方面，得分高于"不太符合"水平的比例为31.3%，而选择了"比较符合"以上水平的被调查者占7.9%。

在无害性失误行为得分方面，得分高于"不太符合"水平的比例为37.4%，而选择了"比较符合"以上水平的被调查者占8.1%。

在危险性违规行为得分方面，得分高于"不太符合"水平的比例为17.1%，而选择了"比较符合"以上水平的被调查者占6.2%。

在攻击性违规行为得分方面，得分高于"不太符合"水平的比例为31.8%，而选择了"比较符合"以上水平的被调查者占8.4%。

（二）影响风险驾驶行为的相关因素

1. 性别

如表9-35所示，男性和女性在风险驾驶行为中的两个分量表即危险性违规和攻击性违规上的得分均存在极其显著的差异，且男性得分高于女性，也就是说，男性明显比女性有更多的风险驾驶行为。

表9-35　不同性别被调查者风险驾驶行为差异分析

		N	均值	标准差	F	显著性
危险性失误	男	601	15.3611	5.01276	0.248	0.618
	女	482	15.2137	4.61107		
	总数	1083	15.2955	4.83646		
无害性失误	男	601	9.9085	3.25012	0.000	0.999
	女	482	9.9087	3.03068		
	总数	1083	9.9086	3.15290		
危险性违规	男	601	6.9285	2.63310	11.063	0.001
	女	482	6.4191	2.33448		
	总数	1083	6.7018	2.51624		
攻击性违规	男	601	7.8586	2.70524	13.485	0.000
	女	482	7.2842	2.36136		
	总数	1083	7.6030	2.57265		
风险驾驶行为	男	601	40.0566	12.15059	3.068	0.080
	女	482	38.8257	10.61707		
	总数	1083	39.5088	11.50451		

2. 年龄

表 9 - 36 中为不同年龄的三组被调查者风险驾驶行为的比较，三个年龄组被调查者在风险驾驶行为测量工具 DBQ 和四个分量表得分上均存在差异，在风险驾驶行为、危险性失误、危险性违规三项上存在极其显著的差异，其他为显著差异。其中，年龄越低，无害性失误得分越高。其余各项在 30 ~ 34 岁年龄组得分最高。

表 9 - 36　不同年龄被调查者风险驾驶行为差异分析

		N	均值	标准差	F	显著性
危险性失误	21 ~ 29 岁	363	15.2287	4.57414	5.223	0.006
	30 ~ 34 岁	362	15.9033	5.19418		
	35 ~ 64 岁	358	14.7486	4.66027		
	总数	1083	15.2955	4.83646		
无害性失误	21 ~ 29 岁	363	10.0937	3.06775	3.061	0.047
	30 ~ 34 岁	362	10.0552	3.34154		
	35 ~ 64 岁	358	9.5726	3.02076		
	总数	1083	9.9086	3.15290		
危险性违规	21 ~ 29 岁	363	6.5041	2.39517	5.271	0.005
	30 ~ 34 岁	362	7.0497	2.71403		
	35 ~ 64 岁	358	6.5503	2.39549		
	总数	1083	6.7018	2.51624		
攻击性违规	21 ~ 29 岁	363	7.4408	2.40251	4.372	0.013
	30 ~ 34 岁	362	7.9282	2.72372		
	35 ~ 64 岁	358	7.4385	2.55809		
	总数	1083	7.6030	2.57265		
风险驾驶行为	21 ~ 29 岁	363	39.2672	10.81066	4.845	0.008
	30 ~ 34 岁	362	40.9365	12.58671		
	35 ~ 64 岁	358	38.3101	10.90249		
	总数	1083	39.5088	11.50451		

3. 婚姻状况

如表 9 - 37 所示，不同婚姻状况被调查者只在危险性失误和危险性违规上存在显著差异，且已婚有子女组在危险性失误上的得分最高，已婚无子女组的得分最低；而在危险性违规上，未婚/离婚组得分最高，其次是已婚有子女组。

表 9 - 37　不同婚姻状况被调查者风险驾驶行为差异分析

		N	均值	标准差	F	显著性
危险性失误	未婚/离婚	124	15.0000	4.66957	3.172	0.042
	已婚无子女	72	14.0139	3.73975		
	已婚有子女	887	15.4408	4.92456		
	总数	1083	15.2955	4.83646		
无害性失误	未婚/离婚	124	10.4435	3.05053	2.870	0.057
	已婚无子女	72	9.3750	2.21033		
	已婚有子女	887	9.8771	3.22371		
	总数	1083	9.9086	3.15290		
危险性违规	未婚/离婚	124	6.7823	2.39770	3.648	0.026
	已婚无子女	72	5.9306	1.74684		
	已婚有子女	887	6.7531	2.57636		
	总数	1083	6.7018	2.51624		
攻击性违规	未婚/离婚	124	7.9274	2.56040	1.791	0.167
	已婚无子女	72	7.2222	2.11115		
	已婚有子女	887	7.5885	2.60552		
	总数	1083	7.6030	2.57265		
风险驾驶行为	未婚/离婚	124	40.1532	11.07186	2.674	0.069
	已婚无子女	72	36.5417	7.69111		
	已婚有子女	887	39.6595	11.79314		
	总数	1083	39.5088	11.50451		

4. 受教育程度

表 9 - 38 显示的是不同受教育程度被调查者在风险驾驶行为上的差异，总分和四个分量表得分均存在显著或极其显著的差异。其中，在攻击性违规上，学历越高得分越高；在其余各项上均为本科学历组得分最高，中等和大专学历组最低。

表 9 – 38 不同受教育程度被调查者风险驾驶行为差异分析

		N	均值	标准差	F	显著性
危险性失误	中等和大专学历	150	14.1133	4.30473	5.610	0.004
	本科学历	845	15.5290	4.92197		
	研究生学历	88	15.0682	4.60084		
	总数	1083	15.2955	4.83646		
无害性失误	中等和大专学历	150	9.2933	2.88143	4.604	0.010
	本科学历	845	10.0604	3.22202		
	研究生学历	88	9.5000	2.76680		
	总数	1083	9.9086	3.15290		
危险性违规	中等和大专学历	150	6.1867	2.15003	3.670	0.026
	本科学历	845	6.7870	2.58084		
	研究生学历	88	6.7614	2.38286		
	总数	1083	6.7018	2.51624		
攻击性违规	中等和大专学历	150	6.8933	2.30012	6.809	0.001
	本科学历	845	7.7041	2.61150		
	研究生学历	88	7.8409	2.46300		
	总数	1083	7.6030	2.57265		
风险驾驶行为	中等和大专学历	150	36.4867	10.02061	6.318	0.002
	本科学历	845	40.0805	11.78915		
	研究生学历	88	39.1705	10.33154		
	总数	1083	39.5088	11.50451		

5. 驾龄

表 9 – 39 显示的是不同驾龄被调查者在风险驾驶行为上的差异，结果显示，不同驾龄被调查者只在危险性违规上存在显著差异，且驾龄越长，危险性违规得分越高。

表 9 – 39 不同驾龄被调查者风险驾驶行为差异分析

		N	均值	标准差	F	显著性
危险性失误	2 年及以下	252	15.1865	4.45439	0.388	0.679
	3~5 年	525	15.4286	4.88895		
	6 年及以上	306	15.1569	5.05266		
	总数	1083	15.2955	4.83646		

续表

		N	均值	标准差	F	显著性
无害性失误	2 年及以下	252	10.0556	2.95060	0.664	0.515
	3~5 年	525	9.9295	3.23282		
	6 年及以上	306	9.7516	3.17837		
	总数	1083	9.9086	3.15290		
危险性违规	2 年及以下	252	6.3730	2.32168	3.754	0.024
	3~5 年	525	6.7105	2.49656		
	6 年及以上	306	6.9575	2.67621		
	总数	1083	6.7018	2.51624		
攻击性违规	2 年及以下	252	7.4206	2.35277	1.867	0.155
	3~5 年	525	7.5600	2.58643		
	6 年及以上	306	7.8268	2.71113		
	总数	1083	7.6030	2.57265		
消极驾驶 行为	2 年及以下	252	39.0357	10.26631	0.280	0.756
	3~5 年	525	39.6286	11.73796		
	6 年及以上	306	39.6928	12.07641		
	总数	1083	39.5088	11.50451		

6. 车价

表9-40 显示的是车价不同被调查者在风险驾驶行为上的差异，结果显示，车价不同的被调查者只在危险性违规上存在显著差异，且车价越高，危险性违规得分越高。

表9-40　车价不同被调查者风险驾驶行为差异分析

		N	均值	标准差	F	显著性
危险性失误	15 万元以下	392	15.1633	4.53109	0.368	0.692
	15 万~25 万元	438	15.2968	4.88856		
	25 万元及以上	253	15.4980	5.20273		
	总数	1083	15.2955	4.83646		
无害性失误	15 万元以下	392	9.8801	2.94075	0.237	0.789
	15 万~25 万元	438	9.8653	3.27778		
	25 万元及以上	253	10.0277	3.25796		
	总数	1083	9.9086	3.15290		

		N	均值	标准差	F	显著性
危险性违规	15 万元以下	392	6.4643	2.23292	3.174	0.042
	15 万~25 万元	438	6.7694	2.62173		
	25 万元及以上	253	6.9526	2.71491		
	总数	1083	6.7018	2.51624		
攻击性违规	15 万元以下	392	7.4515	2.39409	1.968	0.140
	15 万~25 万元	438	7.5890	2.60260		
	25 万元及以上	253	7.8617	2.77042		
	总数	1083	7.6030	2.57265		
风险驾驶行为	15 万元以下	392	38.9592	10.45846	1.108	0.331
	15 万~25 万元	438	39.5205	11.86435		
	25 万元及以上	253	40.3399	12.38162		
	总数	1083	39.5088	11.50451		

七 风险驾驶行为各因素间的关系

(一) 风险驾驶行为的分析结构

为了研究影响风险驾驶行为的因素，本研究除了了解被调查者的性别、年龄、受教育程度、婚姻状况等人口学变量外，还了解了被调查者与驾驶相关的因素，如驾龄和所开的车的购车价。而本研究了解的更为重要的变量包括：（1）被调查者对于不当驾驶行为危险性的认知；（2）被调查者的驾驶态度，包括对于违反交通规则、超速行驶的态度和追求驾驶刺激性的态度；（3）消极驾驶情绪，包括驾驶愤怒、驾驶厌恶和驾驶紧张；（4）驾驶能力，包括驾驶技能和防卫性驾驶能力。本研究把风险驾驶行为分为四个方面，并进行了合并和分别分析，这四个方面包括危险性失误、无害性失误、危险性违规和攻击性违规。以下是这四个方面对风险驾驶行为影响的回归分析。

(二) 风险驾驶行为的影响因素分析

1. 不当驾驶行为

对风险驾驶行为的影响因素的回归分析发现（见表 9-41），违反交通规则态度、驾驶刺激性态度、驾驶愤怒、驾驶紧张、防卫性驾驶、车价和不当驾驶行为危险性认知是影响风险驾驶行为的主要因素，其他因素都不显著。而违反交通规则态度、驾驶愤怒和驾驶紧张是影响最大的三个因素；违反交通规则态度、驾驶愤怒、驾驶紧张、驾驶刺激性态度、车价和不当驾驶行为危险性认知对风险驾驶行为有正向预测作用，也就是说，这些方面得分越高，风险驾驶行为的得分也越高；而防卫性驾驶对风险驾驶行为有负向预测作用，也就是说，防卫性驾驶得分越高，风险驾驶行为的得分越高。回归分析结果可以表示为以下方程：

$$Y = 1.044X_1 + 0.739X_2 + 0.941X_3 + 0.467X_4 - 0.268X_5 + 0.322X_6 + 0.101X_7$$

其中，X_1 代表违反交通规则态度，X_2 代表驾驶愤怒，X_3 代表驾驶紧张，X_4 代表驾驶刺激性态度，X_5 代表防卫性驾驶，X_6 代表车价，X_7 代表不当驾驶行为危险性认知。

表 9 - 41　风险驾驶行为的回归分析

模型	非标准化系数		标准化系数	t	Sig.
	B	标准误差			
常量	7.083	3.770		1.879	0.061
违反交通规则态度	1.044	0.089	0.341	11.719	0.000
驾驶愤怒	0.739	0.121	0.209	6.105	0.000
驾驶紧张	0.941	0.134	0.216	7.027	0.000
驾驶刺激性态度	0.467	0.140	0.077	3.329	0.001
防卫性驾驶	-0.268	0.064	-0.120	-4.202	0.000
车价	0.322	0.128	0.056	2.507	0.012
不当驾驶行为危险性认知	0.101	0.043	0.062	2.346	0.019

2. 危险性失误

表 9 - 42 为对风险驾驶行为中的危险性失误的回归分析结果，结果显示，违反交通规则态度、驾驶紧张、驾驶愤怒、驾驶技能和驾驶刺激性态度是显著影响危险性失误的因素，其中驾驶技能的回归系数为负值，其余因素的回归系数均为正值。也就是说，违反交通规则态度、驾驶紧张、驾驶愤怒和驾驶刺激性态度得分越高，危险性失误得分越高；而驾驶技能得分越高，危险性失误得分越低。

表 9 - 42　危险性失误的回归分析

模型	非标准化系数		标准化系数	t	Sig.
	B	标准误差			
常量	7.298	1.307		5.585	0.000
违反交通规则态度	0.430	0.038	0.334	11.236	0.000
驾驶紧张	0.345	0.062	0.189	5.525	0.000
驾驶愤怒	0.190	0.055	0.128	3.439	0.001
驾驶技能	-0.105	0.021	-0.135	-4.921	0.000
驾驶刺激性态度	0.268	0.067	0.105	4.023	0.000

3. 无害性失误

表 9 - 43 为对风险驾驶行为中的无害性失误的回归分析结果，结果显示，驾驶紧张、违反交通规则态度、驾驶愤怒和年龄是显著影响无害性失误的因素。其中，驾驶紧张、违反交通规则态度、驾驶愤怒的回归系数为正值，而年龄的回归系数为负值，也就是说，驾驶紧张、违反交通规则态度、驾驶愤怒得分越高，无害性失误得分越高；而年龄越大，无害性失误得分越低。

表 9 - 43　无害性失误的回归分析

模型	非标准化系数		标准化系数	t	Sig.
	B	标准误差			
常量	2.875	0.544		5.282	0.000
驾驶紧张	0.372	0.040	0.312	9.333	0.000
违反交通规则态度	0.193	0.025	0.229	7.818	0.000
驾驶愤怒	0.172	0.036	0.177	4.803	0.000
年龄	-0.028	0.013	-0.054	-2.219	0.027

4. 危险性违规

表 9 - 44 为对风险驾驶行为中的危险性违规的回归分析结果，结果显示，违反交通规则态度、驾驶愤怒、车价、超速行为态度、驾驶紧张、驾驶刺激性态度、防卫性驾驶、不当驾驶行为危险性认知和驾驶技能显著影响危险性违规。其中，违反交通规则态度、驾驶愤怒、车价、超速行为态度、驾驶紧张、驾驶刺激性态度、不当驾驶行为危险性认知和驾

驶技能的回归系数为正值，而防卫性驾驶的回归系数为负值。

表 9 - 44　危险性违规的回归分析

模型	非标准化系数		标准化系数	t	Sig.
	B	标准误差			
（常量）	- 0.305	0.957		- 0.319	0.750
违反交通规则态度	0.222	0.025	0.332	8.927	0.000
驾驶愤怒	0.110	0.030	0.141	3.703	0.000
车价	0.101	0.031	0.080	3.213	0.001
超速行为态度	0.069	0.033	0.072	2.116	0.035
驾驶紧张	0.098	0.033	0.103	2.930	0.003
驾驶刺激性态度	0.081	0.035	0.061	2.300	0.022
防卫性驾驶	- 0.076	0.018	- 0.155	- 4.188	0.000
不当驾驶行为危险性认知	0.024	0.011	0.068	2.312	0.021
驾驶技能	0.027	0.014	0.068	1.969	0.049

5. 攻击性违规

表 9 - 45 为对风险驾驶行为中的攻击性违规的回归分析结果，结果显示，驾驶愤怒、违反交通规则态度、驾驶刺激性态度、防卫性驾驶、不当驾驶行为危险性认知、受教育程度、性别、驾驶紧张、车价和超速行为态度显著影响攻击性违规。其中，驾驶愤怒、违反交通规则态度、驾驶刺激性态度、防卫性驾驶、不当驾驶行为危险性认知、受教育程度、车价、驾驶紧张和超速驾驶行为态度的回归系数为正值，而防卫性驾驶和性别的回归系数为负值。

表 9 - 45　攻击性违规的回归分析

模型	非标准化系数		标准化系数	t	Sig.
	B	标准误差			
（常量）	- 1.239	1.045		- 1.186	0.236
驾驶愤怒	0.283	0.027	0.357	10.295	0.000
违反交通规则态度	0.164	0.023	0.239	7.068	0.000
驾驶刺激性态度	0.106	0.032	0.078	3.302	0.001
防卫性驾驶	- 0.054	0.014	- 0.108	- 3.699	0.000

模型	非标准化系数		标准化系数	t	Sig.
	B	标准误差			
不当驾驶行为危险性认知	0.030	0.010	0.083	3.117	0.002
受教育程度	0.286	0.105	0.062	2.714	0.007
性别	−0.308	0.118	−0.060	−2.609	0.009
驾驶紧张	0.079	0.030	0.081	2.589	0.010
车价	0.076	0.029	0.059	2.567	0.010
超速驾驶行为态度	0.066	0.030	0.066	2.158	0.031

八 经验与对策

（一）国际经验

1. 控制酒后驾驶行为的国际经验

酒后驾驶会加大车祸的风险以及造成死亡或严重受伤的可能性。酒后驾驶法律的颁布和执行可使道路死亡人数减少约20%。随机的呼吸测试是在整个澳大利亚采用的主要酒后驾驶执法方式。警察可在任何时候拦住一名司机并进行呼吸测试，无论其驾驶行为如何。对随机呼吸测试进行的调查显示该测试在长期内减少了与饮酒相关的车祸的发生。

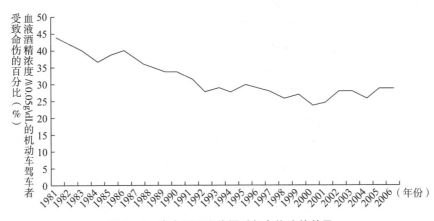

图 9 − 5　澳大利亚实施酒后驾车执法的效果

2. 安全带与儿童安全座椅

使用安全带可使从车中被甩出去和遭受严重或致命伤害的风险减少40%～65%。"系上或罚款"是美国开展过的最成功的安全带执法运动。该运动的基石是全国性的"系上或罚款"5月动员行动，美国各地的执法机构在此期间联合采取行动。该行动得到了美国国家和地方媒体的支持。从2000年到2009年，安全带拯救了14万美国人的生命。

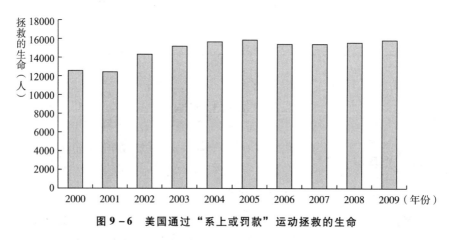

图9-6 美国通过"系上或罚款"运动拯救的生命

根据世界卫生组织《道路安全全球现状报告（2013）》[①]，111个国家（48亿人，占世界人口69%）进行了全面立法，其中包括要求汽车驾驶员和所有乘客均使用安全带。自2008年以来，又有10个国家制定了全面的安全带法。虽然立法方面有所改进，但还需要做更多工作促进安全带法的落实。只有1/4被调查国认为本国安全带法执行情况"良好"。

《道路安全全球现状报告（2013）》同时指出，有96个国家立法要求使用儿童约束装置。绝大多数高收入国家有关于儿童约束装置的立法，而低收入和中等收入国家就此立法的比例较低。

3. 法国数十年的综合治理

自1970年代初以来，法国在减少全国道路死亡人数方面进步很大，这与综合治理有关，包括对超速驾驶、安全带使用、酒后驾驶、使用测速摄像头的更严格执法，以及解释交通规则和风险的媒体宣传运动在内

---

① 《道路安全全球现状报告（2013）》，https://max.book118.com/html/2017/0702/119800682.shtm，2017年7月2日。

的一系列措施。从 1970 年代初至 2009 年，法国全国道路死亡人数从每年 16000 人以上减少到每年略多于 4000 人。

4.《2011～2020 年道路安全行动十年》

在《2011～2020 年道路安全行动十年》中，世界卫生组织提出"拯救百万生命"的努力目标，旨在通过多种途径减少交通事故数量和死亡数量。

表 9 - 46　《2011～2020 年道路安全行动十年》方案

国家活动				
第 1 支柱 道路安全管理	第 2 支柱 增强道路和机动安全	第 3 支柱 增强车辆安全	第 4 支柱 增强道路使用者安全	第 5 支柱 碰撞后应对
国际协调活动				

表 9 - 47　《2011～2020 年道路安全行动十年》方案的五个支柱

第 1 支柱： 道路安全管理	第 2 支柱： 增强道路和机动安全	第 3 支柱： 增强车辆安全	第 4 支柱： 增强道路使用者安全	第 5 支柱： 碰撞后应对
本支柱侧重于加强机构能力的必要性以便推进国家道路安全工作。其中包括的活动有：使联合国的主要道路安全公约付诸实践；在国家内部建立一个道路安全领导机构，由一系列部门的合作伙伴参与；制定一项全国道路安全战略；以及为相关活动确定现实和长期的目标并为实施活动提供充裕的资金。它还要求发展数据系统以监测和评价各项活动。	这一支柱强调需要为增进所有道路使用者，尤其是最易受伤害者（如行人及骑自行车和摩托车者）的利益，提高道路网络的安全性。活动包括在考虑安全的情况下改进道路的计划、设计、建设和运营；确保对道路定期进行安全评估；以及鼓励有关主管部门在应对道路使用者的交通需求时考虑所有形式的交通和所有类型的安全基础设施。	这一支柱涉及需要改进车辆安全，具体措施为鼓励协调相关的全球标准和机制以加快采用对安全性有影响的新技术。其中包括的活动有：实施新车评估规划，使消费者注意到车辆的安全性能，并力图确保所有新的机动车辆具有最低程度的安全特征，例如安全带。涵盖的其他活动包括促进更广泛地使用经证实有效的防撞技术，例如电子稳定控制系统和防抱死制动系统。还鼓励车队管理人员购置、运营和维持为驾乘人员提供高水平防护的车辆。	这一支柱侧重于制定改进道路使用者行为的综合规划。活动包括鼓励、制定和采用样板道路安全法规并维持或加强执行道路安全法规和标准。做出这些努力的同时应开展公众宣传教育活动，提高座椅安全带和头盔佩戴率，并减少酒后驾车、超速驾驶以及其他风险因素。它还要求开展活动减少与工作有关的道路交通伤害并促进建立新驾驶员分级驾驶执照制度。	这一支柱促进改善卫生及其他系统，以便向车祸受害者提供适当的急救和较长期康复服务。活动涉及发展到达医院之前的救护系统，包括采用全国统一的急救电话号码；向道路交通车祸的受伤者以及死者家属提供早期康复服务和支持；建立为此类行动提供资金的保险计划；以及鼓励彻底调查车祸并采取适当的法律应对措施。

资料来源：世界卫生组织《2011～2020 年道路安全行动十年》，http://www.who.int/road-safty/decade_of - action，最后访问日期：2020 年 10 月 1 日。

（二）对策建议

根据本研究的结果，结合当前交通安全问题，提出以下对策建议。

1. 通过教育提高全民交通安全意识

本研究发现，违反交通规则的态度、驾驶刺激性态度、驾驶愤怒、驾驶紧张、防卫性驾驶和不当驾驶行为危险性认知是影响风险驾驶行为的主要因素。因此，减少交通事故数量和交通事故中人员伤亡和财产损失的主要途径是提高全民的交通安全意识。彻底改变相当数量驾驶者违反交通规则的态度、提高驾驶素质、消除消极驾驶情绪，使他们充分认识不当驾驶行为的风险性，提高其驾驶技能和应急技能，形成自觉遵守交通法规的良好交通风气。

2. 不断完善法律法规和技术标准

尽管现行的交通法规已经比较完善，但在许多方面依然存在一些问题，比如没有强制规定使用后排安全带和安装儿童安全座椅；一些汽车安全技术标准还比较低，对新的安全技术要求更新不够及时等。应该不断完善相关法律法规和技术标准。

3. 落实交通法规，确保法律的刚性

通过多年的努力，与世界先进国家相比，中国交通法规的立法已经比较完善，交通管理的技术手段也比较先进，但执法相对薄弱，今后应该从落实交通法规入手，发挥交通法规的效力，通过较长时间的严格执法，使驾驶者不断养成良好的驾驶习惯，形成全社会文明驾驶的风气。

4. 专项整治与综合管理相结合

近年来，随着对酒后驾驶实行更为严格的法律规定，酒后驾驶恶习得到了有效的遏制。应该继续采取专项治理的方式整治一些问题比较突出的交通安全隐患，如加大对于使用安全带卡扣制造、销售和使用的处罚。也要全方位综合治理，如此才能产生遵守交通规则的长期效应。

5. 提高交通安全科学研究水平

交通管理部门应该提高管理的科学性，如目前国内限速路段均存在道路限速标识不清的问题，几乎所有路段均不设限速起止点，这使得驾驶者不易执行，客观上造成了无意超速。要完善交通安全统计数据，与国际接轨。加大对于交通安全的大数据研究，交通管理机关的违章处罚、

交通肇事等信息要向社会公开。

6. 依靠全社会力量提高交通安全水平

交通是每个人都参与的活动，交通安全问题是每个人的问题，也是全社会的问题，要依靠全社会来解决。要积极依靠社会力量，特别是依靠一些有社会责任、有意愿的社会组织和团体的力量，采取灵活多样的形式，从技术上、宣传上、法律上、观念上等不断改善交通环境，减少交通伤害的发生。

第十章

公共风险认知与风险治理

2014 年的最后一天，上海外滩跨年活动发生了踩踏事件，致 36 人死亡、48 人受伤，一向被认为政府管理水平最高的上海市发生了这样的事故，再一次敲响了风险防范的警钟，需要好好反思。2004 年，北京市密云县在举办迎春灯展时发生了踩踏，造成 37 人死亡、15 人受伤。这些事例表明，特大城市潜在的风险不容忽视，特大城市时刻面临着风险，风险治理需要新思维、新举措。

特大城市人口规模大、空间聚集度高、公共管理难度大，从而导致了更多风险积聚，其具有中小城市和村镇没有的面临风险时的脆弱性。一场大雨、一次火灾、一次大型活动就可能造成巨大的灾难，因此我们对当前特大城市面临的风险要有深刻的认知。从个体角度看，风险认知问题涉及影响个体对风险预测和评估的因素，从社会角度看，风险认知涉及影响风险的组织、社会和文化因素。目前，社会中的组织和个人，普遍存在不全面或不正确的风险认知，这是许多社会风险发生的根源，是风险治理必须面对和解决的问题。全面了解风险认知的问题，认清当前特大城市所面临风险的特点和新形势，才能实现更有效的风险治理。

一　不当风险认知

（一）社会风险意识与风险防范

在我们完成的一项风险认知的问卷调查中，排在最前面的被人们认为最危险的 10 项风险源分别是：核泄漏、毒气泄漏、战争、燃气爆炸、核武器、传染病流行、恐怖袭击、地震、癌症和交通事故。这个结果显示，人们更关注那些对生命危害性大、发生概率低的风险，对于那些发生概率更高、就在自己身边的风险却不够重视。对于危险，每个有常识的人都会本能地躲避，对于众多潜在的风险，人们却经常忽略。因为风险认知是对于危险发生可能性的认识和判断，每个人的知识、经验、接触的信息不同都会产生不同的判断，致使许多危险性高的风险源被忽略。

为什么同样的事故会反复发生？反复发生的事故属于高危险性的风险源，事故的反复发生说明这种风险源没有得到足够的重视和合理应对。无论是从个人、组织、社会还是国家层面都是如此。当灾难事故发生后，个人、组织、社会、国家都会不惜代价启动应急响应，但往往在为杜绝类似灾难和事故所做的努力却远远不够，因为人们不习惯为可能的危险付出成本。比如，一个人得了癌症，全家会不惜一切代价治疗，但很多人却不愿意自费去做一次体检。公共管理方面也是如此，在灾害救援、事故应急上政府财政可以紧急拨出专款，但政府财政对防范风险的常规预算却往往不足。我们都懂得"防患于未然"的道理，因此在风险治理方面，我们要转变观念，学会如何科学地为"没有发生的危险"买单，也就是用小的风险防范经费支出替代大型事故的应急经费，以达到节约资源的目的。

（二）风险性反思与制度建设

风险认知的另一个突出问题是对发生的事故、灾难的反思不足，这就造成同类事故不断发生，低级错误一再复制。上海踩踏事件调查报告值得赞赏的一点就是提到不能因噎废食。我们看到一些学校组织学生课余活动发生事故后，教育部门明确要求取消这类活动，这不是对事故真正的反思。风险性反思不只是追查事故原因，追究责任人，对事故和事件的反思也不应该只停留在思想上，除了要让涉及的个体获得风险认知，更重要的是形成全社会的风险认知。风险发生后政府及全社会应该积极寻求制度性解决方式，通过制度和政策的落实，避免此类和相关类别风险的发生或降低风险发生的概率。

（三）忽视风险距离的侥幸心理

我们最近一个关于汽车使用风险的研究发现了一个奇怪的结论，也揭示了一个普遍现象。我们在研究影响驾驶员驾驶行为的因素时，通过考察一系列变量发现：倾向违反交通规则和法律的态度、驾驶员驾车中愤怒情绪、驾驶员驾驶过程的紧张情绪、驾驶员驾驶过程中对刺激性的追求、驾驶员具有的应付突发事件的防卫驾驶能力都使得风险驾驶行为增加。但出乎意料的是，对不当驾驶行为危险性的认知程度越高，越倾向于风险驾驶行为，也就是说，驾驶者明知超速、不系安全带等行为是危险的，但他们依然会这样做。为什么会有这样的现象？虽然很多人认为风险是会发生的，但他们会侥幸地认为风险不会落在自己头上。而风险社会下正确的风险认知就是要使人们对风险有正确的认识，使得每个人都意识到风险时刻都在你身边，时刻不能放松。

（四）恰当的风险"媒介化"

现代社会，许多人对风险的认知是不足的，"风险社会"的风险多数属于"媒介化的风险"，意思是说，风险事件通过各种媒体的表述、呈现，成为大众了解到的风险信息，这个过程就是风险的媒介化。如果说传统社会的风险意识是来自自身及周围人的经验的话，那么现代人的风险认知和风险焦虑则主要来自媒体。而风险媒介化的过程可能会造成风险失真。一种情况是媒介化过程释放了错误的信息；另一种情况是风险媒介化不足或缺失，像上海的踩踏事件就是由于风险媒介化的信息不足造成的。

在信息社会、网络社会、移动互联时代，风险的防范要依赖媒体，依赖恰当媒介化的风险信息。2012 年，北京"7.21"暴雨灾害后，北京市政府开始在特殊气象时向市民推送风险预警短信。如果上海负责公共安全的部门提早发出活动举办地点变更的信息，或者在 2014 年 12 月 31 日晚上及时采用微博、微信、短信发出提醒，要求市民不要前往外滩，同时要求逐渐疏散聚集在外滩的市民，这场灾难可能就不会发生。因此，要利用互联网、社交媒体在传播中的优势，结合传统媒体，形成全媒体准确、有效的风险媒介化体系，以此为依托防范和应对各种风险。

（五）风险认知能力

媒介化后的风险在认知过程中也可能失真，因为风险认知是一个风险信息主观化的过程，这就不可避免地出现风险认知的个体差异，不同的人对相同的风险信息会有截然不同的态度和行为。对一些新的风险，人们没有感知和判断能力，人们或者把风险夸大或者把风险缩小。有些人会信谣、传谣，有些人则能够轻易识破谣言。究其原因，就是风险社会理论提出者、社会学家贝克所言的"风险社会是知识依赖的"。现代社会信息的传播途径多样化，信息量巨大，过量的信息需要人有能力筛选，矛盾的信息会使人出现判断错误，而不充分的信息也可能使人们的风险认知出现偏差，导致行为失当。对特大城市来说，时刻暗藏着各种风险，政府部门应该组织专业机构，并动员全社会排查风险，绘制风险地图，编制市民风险防范的指南、攻略，采用灵活多样的文字和可视化手段，把及时更新的风险信息和风险防范措施公布出来，提高全社会的风险认知和风险应对能力。

二　"个体化"社会下的公共风险治理

（一）风险认知水平与风险治理效果

风险认知包含了四个层面，即个体层面的风险认知、群体层面的风险认知、社会和政策层面的风险认知以及文化与价值观层面的风险认知。个体如何规避风险取决于个体的风险认知和风险应对能力，社会如何应对风险取决于社会的风险认知和社会政策水平，也依赖于风险的传播和社会的风险知识以及全社会的风险防范技术，使不断形成和固化的社会行动上升到一种文化和价值理念。要提升风险治理效果就要从影响风险认知的不同层面入手。一是从个体层面入手，提高每个人的风险认知能力、增强风险意识；二是从社会政治制度层面入手，只有将风险治理提升到文化建设的高度，才能实现高水平的风险治理。

（二）特大城市风险

目前风险治理的突出特点是"个体化"社会背景下的公共风险规避，

但这本身就蕴含着巨大的矛盾。德国著名社会学家贝克提出了风险社会理论，同时他也提出了个体化理论，这个理论认为社会正在发生着个体化的转变。中国的现代化转型过程也明显表现出个体化的特征，特别是特大城市，单位社会式微，家族社会已经不存在，取而代之的是核心家庭，而年轻一代越来越追求个性和人格的独立，甚至一些家庭成员的个人财产也是独立的，个体成为社会的基本单位。

但是，个体化的社会所要面对的却是社会化的风险，越来越多的风险不是个人可以规避和承担的，是需要社会协同应对的。上海的踩踏事件就是典型的个体化社会下的公共风险，跨年活动参与的市民基本上是以个体、家庭或少量朋友为单位的；大量个体的聚集形成了风险，在场的个人成了别人的阻力和周围其他人遭受伤害的原因；而在这个过程中多数在场的人又是不自知的。对于特大城市来说，这样的事例比比皆是。笔者主编的《中国汽车社会发展报告（2011）》计算了北京汽车拥有量和道路面积之间的关系，发现北京的道路刚刚能够容纳北京所有的汽车（500多万辆），并保持一个安全行驶的车距。如果要行驶的话要步调一致，即同步、低速、匀速。但整体道路面积与汽车总量理论上的匹配是毫无意义的，因为道路分布在整个北京行政区域内，而汽车主要聚集在中心区和主干道，在多数时间、多数汽车停驶的状态下北京的道路已经拥挤不堪，在一些重要的时间节点，局部交通更是接近瘫痪，如果遇到突发事件，就会酿成灾难。

（三）风险应对和治理模式

个体化社会意味着社会的组织和动员更为困难，也意味着个人将不得不学习独自应对风险社会的挑战，这就要求个体具备成为风险应对主体的能力。但仅仅这样是不够的，因为个体所能规避和应对的是个体风险，社会共担风险依然需要组织化和社会化的应对和治理。因此，在正式组织无法满足风险治理的情况下，应该培育社会的自组织能力，来增强全社会抵御风险的能力。北京"7·21"暴雨致使机场快轨停运，几万名旅客滞留机场，北京望京一些小区的居民利用微博半小时集结了20多辆私家车，免费送旅客回家。

除了鼓励社区、民众自组织进行风险防范，还应该鼓励那些具有特定专业和技术的公司和民间机构积极参与风险治理。比如，目前电话和短信诈骗现象普遍，依靠公安部门很难实现源头治理，而类似360手机卫士这类软件起到了很好的防护作用。拥有特定技术的企业通过用户对诈骗电话和短信号码的标注，把这些数据转化为提醒信息分享给其他用户，能有效地降低诈骗的成功率。除了鼓励360这样的企业行为，还应该把这种风险防范的措施扩展为电信运营商的基本服务，同时鼓励其他商业机构开发更有效的应用程序。

在社会动员困难的情况下，如果能够发挥新媒体传播的优势，不仅可以弥补层级化组织功能的不足，而且可以比传统的手段更高效。目前，微信等社交工具已经非常普及，非常适合进行一些风险警示、应急处置的信息发布和紧急社会动员。这次上海外滩的跨年活动，几十万名参与者不是组织化而是个体自发的，因此，完全不可能通过组织化渠道传递信息，而社会自发行动信息如何收集，特别是社会风险信息如何收集、处置是一个全新的课题。上海踩踏事件后人们在讨论一个研究者提出的方案，即当景点室内人均面积达到每人1平方米，室外人均面积达到每人0.75平方米时，要启动应急预案，但是目前开放空间的人流密度主要依靠人工观察，难以准确统计。如果按照景区总面积和进入景区人数来计算，在总体人员密度未达到预警标准的情况下，一些热点项目周边的人员密度可能已经远远超出了安全范围，这样的标准目前在实际中难以适用，景区或公共管理部门很难按此标准开展工作。但如果我们用信息化、移动互联、大数据的理念，同时动员社会各方参与的话是完全可以实现的。高德导航软件利用移动互联的GPS导航反馈信息提供路况信息，这类信息以及电信部门的手机基站信息、移动社交客户端的网络信息、公共场所监控信息都可以作为衡量一个地区人流密度和机动车密度的指标。

综上所示，未来的风险治理就是要提高全社会的风险认知能力，推动全社会来参与风险应对和管理。

第十一章

社会认可理论与公共风险防范和应对

一 社会认可理论的起源及其定义

社会认可（Social License to Operate）理论的提出最初就是针对采矿业。由于采矿业等资源开采行业的高污染、高风险性，开采地区居民的生活会受到影响，破坏性严重的开采行为会直接导致当地居民的家园被毁，这样的例子在发展中国家屡见不鲜。因而，社会认可是开采地区居民规避风险的一种机制，也是企业规避风险的一种社会机制。

（一）社会认可概念的提出

20 世纪 90 年代，随着一系列化学品溢漏、尾矿坝事故和众多发生在探矿和采矿阶段的群体性事件的曝光，采矿业越来越处于公众的严密审查之下，其行为被严格监控（Thomson & Joyce，2006）。在这种背景之下，1997 年在华盛顿召开的世界银行工作人员会议上，Placer Dome 公司的国际和公共事务主管 Jim Cooney 提出采矿业必须积极行动以恢复其名誉，并且在一个矿点开采的初级阶段就应该获得"社会认可"，由此创建一种新的关于采矿业的文化和公众形象。之后，这个概念出现在 1997 年 5 月厄瓜多尔首都基多召开的由世界银行赞助的采矿业研讨会上，并很快被纳入了关于描述工业、公民社会和采矿地点社区的词汇当中（Boutilier，Black，& Thomson，2012）。

（二）社会认可的定义与发展

社会认可被定义为当一个矿业项目持续地被当地社区居民和其他利益相关者（stakeholders）赞成或者被更广泛意义上的社会所接纳（Joyce & Thomson，2000；Boutilier，Black，& Thomson，2012）。"接纳"（acceptance）指的是忍受、同意（tolerate/agree/consent to）等，"赞成"（approval）则带有偏好、喜欢的含义（having favorable regard/agreeing to/or being pleased with）。这种区别可以区分社会认可的不同级别。对于一个企业来说，矿场当地居民的"接纳"足以使其项目顺利推进，并与当地居民保持良好的"邻居关系"。而"赞成"对于企业和利益相关者以及整个采矿业来说则更有利（Boutilier，Black，& Thomson，2012）。

这种社会认可的主体是当地社区，在多数情况下，它被定义为"利益相关者网络"（network of stakeholders）更为合适。因为它包含了当地社区居民之外的个人或群体，如其他投资者、对此感兴趣的非政府组织等。并且这里所说的"社会认可"不同于政府颁发的"经营许可证"，它是一种不可见的（invisible），而非可触可感的实体，它的获取和维持也更具多样性和变化性，在不同环境和不同文化背景下，有着截然不同的处理方式，在发达国家和发展中国家就有着显著差异。因而跨国企业在进入一个新的国家时，需要格外注意了解当地的语言、历史等文化特征，尊重当地价值观，分析各种环境因素，理解当地社会网络的结构特征。

社会认可不仅是一种企业社会责任（corporate social responsibility）的表现形式，而且是一种利益最大化的机制。有研究表明，"一定比例的利益相关者的参与是使一个企业利益最大化的前提"（Jimena，2011）。

虽然社会认可最初是针对采矿业提出的，是为改善当时采矿业的现状，但之后其应用范围渐渐扩大，广泛应用于纸浆与造纸（Gunningham，Kagan，& Thornton，2004）等化工厂，主要在涉及环境污染的行业如资源开采行业以及各类化工厂应用较为广泛。

（三）社会认可的相关概念

社会认可并非影响企业行为的唯一标准，事实上，对法律与经济的考虑才是对企业行为影响最大的两个因素。但在社会认可的研究视角之下，无论这种影响力是来自法律法规，还是社区或市场，这些影响并非单向和独立的压力，而是一种会对其自身产生反作用的力量。这种"认可"的主体与客体之间存在着交互影响。在经济和社会的影响中间存在着张力与法律上的"许可证/执照"，它左右着企业的行为导向（Gunningham，Kagan，& Thornton，2004）。法律意义上的"许可证/执照"具有直接的强制效应，它能通过直接授权社会认可的主体或者给予他们获取信息的渠道来控制目标企业的行为，由此影响社会许可的效果。例如，法律规定当地社区居民有参与共同决策的资格，或者居民和环保组织获得的信息影响了整个社会对该目标的看法，以及该企业的声誉。从另一种意义上来说，社会认可是对法律许可的一种补充。它实质上是一种当地居民参与决策的机制。正如上文提到的，社会认可不仅是一种企业自觉履行的社会责任，更是一种利益机制，在此基础上建立起来的企业投资社区主导的发展是超越了企业社会责任（corporate social responsibility）的新模式。世界银行（WHO，2009）的报告指出，这种以社区为基础的发展提供了一种公共部门与私营部门合作的新方式。另外，在社会认可中未被满足的诉求，能够转化为新的法规。如此一来，居民的诉求从"社会认可"的非强制性变成了一种强制手段。

企业社会责任是企业的义务，是企业必须持有的一种理念，而社会认可则是与之相关的一种机制，相较而言，它更是一种与利益相关的主题。社会认可不是一个慈善的理念，是做对利益相关者有益而非有害的事情，强调的是利益相关者的诉求表达和决策参与。社区主导型发展（community driven development）是由世界银行提出和倡导的一种发展模式，它的主要特点是：由社区本身来参与决定社区的发展，控制社区的资源分配。这种发展理念与社会认可较为契合，只有在自治权较高的社区，当地居民的社会网络才更适宜表达其利益诉求而避免群体性事件。

二 社会认可的获得

对于怎么样获取社会认可，不同的研究者有不同的见解。一般而言，在社会认可获取过程的不同阶段，获取及维持社会认可的途径也不同。首先，在勘探阶段，运用环境分析（situational analysis）能帮助一个企业确定并根据环境调整其项目计划。在此阶段，通常采用环境分析中的 SWOT（strength，weakness，opportunity，threat）分析法和 PEST（political，economic，social，technological）分析法，并且在做环境分析时也要考虑当地社会规范（Whittle，1999），如图 11 – 1 所示。

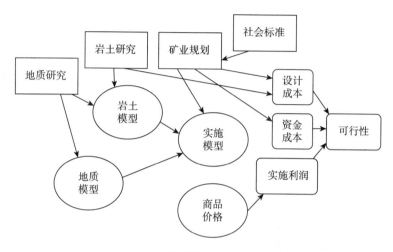

图 11 – 1　规划过程中社会标准的影响

资料来源：Nelson & Scoble，2006。

图 11 – 1 是 Whittle 提出的在勘探阶段制定项目计划时的分析过程。在这个分析过程中，社会标准（social criteria）影响着采矿项目规划的制定，从而在综合考虑地质、岩土、成本等因素的情况下，探究项目的可行性。

图 11 – 2 是由 ICMBA（Internet Center For Management and Business Administration）提出的形势分析模型。该模型综合了企业内部环境与所其处的社会环境，并整合了 SWOT 分析法和 PEST 分析法，从风险的角度分析一个项目如何制定与实施。

社会认可就是在当地居民知情的情况下，得到他们的一致同意，这要求在对所有社区居民进行分析的基础之上，获得他们协商后的一致同意（Salim，2003）。2005 年 1 月，尼尔森的调查结果显示，最影响社会认可的四个因素分别是：（1）保持良好的公司声望；（2）理解当地的文化、语言和历史；（3）当地居民了解该项目的真实情况；（4）保障运营过程中始终与所有的利益相关者有着公开的交流。其次的影响因素依次

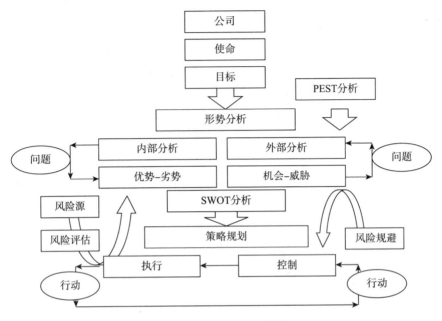

图 11 - 2　形势分析模型

资料来源：Nelson & Scoble，2006。

是：与当地社区建立业务合作、劳动力培训、社区支持和能力提高、科技创新、保持合作透明、满足可持续发展标准、与社区合作、对当地利益相关者的补偿责任、遵纪守法、需要的时候与 NGO 合作、推动积极合作的新价值、依循旧例等（Nelson & Scoble，2006）。

Thomson 和 Boutilier（2011）认为这六个阶段中社会认可的获得和维持始终是动态的，需要企业、利益相关者的互动与共同合作才能稳定这种关系。如图 11 - 3 所示，首先，企业战略与利益相关者之间可能存在相互影响，并且这种共同的影响作用于企业，企业产生纳入利益相关者参与决策的动机。通过建立企业与社区以及社区内部的社会关系来获得最初的社会资本，这是很低级别的社会资本，在这个阶段，企业基本获得了项目运行的合法性，该项目被利益相关者所接纳，这是项目运行所需的最低级别的社会认可。这种"接纳"的获得一方面使企业拥有达到其战略目标的可能性，另一方面使企业认识到社会认可的重要性，因而促进企业让更多利益相关者参与决策行为。企业在和利益相关者经历多次的互动之后，才有可能达到最高级别的社会认可——利益相关者从心理上把该项目视作社区发展不可或缺的一部分，把自己看作该项目的共同拥有者，在这一级别的社会认可之下，企业获得其战略目标的可能性最高。

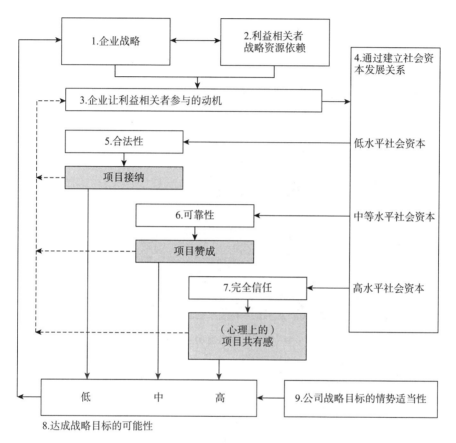

图 11 - 3 基于资源适应观的社会认可获得过程

资料来源：Thomson & Boutilier，2011。

Thomson 和 Boutilier（2011）认为社会认可有不同的水平，从一个水平进入下一个水平是通过提高社会资本来实现的。图 11 - 4 展示了四种水平的社会认可和三种可区分的临界标准，水平表示社区对待公司的方式，临界标准是基于公司行为来看待公司的方式，水平和临界标准被安排在一个层次，项目可以同时进入上下两个层次。例如失去可靠性，社区居民就会抵制，项目进展将很难；如果失去合法性，项目就将被终止，而如果得到充分信任，社区就会把项目视为自己的项目并予以支持和保护。Thomson 和 Boutilier（2011）认为社会认可的水平与公司面对的社会政治风险呈反比例关系，如图 11 - 5 所示，低社会认可预示着高风险。因为社会认可水平低意味着项目处于金融、法律许可、原材料、劳动力、市场、公共基础设施等基本要素的获取受限阶段。

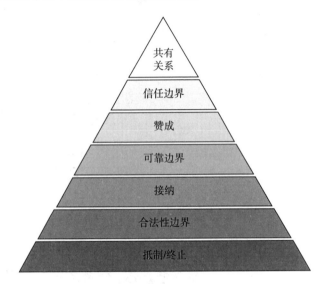

图 11 - 4　具备临界标准的社会许可水平

资料来源：Thomson & Boutilier, 2011。

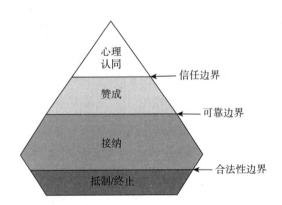

图 11 - 5　社会认可的金字塔模型

资料来源：Thomson & Boutilier, 2011。

三　社会认可的测量

社会认可的测量分为间接测量和直接测量两大类。其中，间接测量又分为实物指标（physical indicator）和口头指标（verbal indicator）。实物指标主要是观测利益相关者对于某一项目的具体行为（如抵制、暴力、监控、参与、支持等），不同行为代表了该企业在该地区的利益相关者中有着不一样的认可级别；口头指标则是调查者在与利益相关者的交流中分析其关键用词，以区别不同的认可程度。

直接测量如表 11-1 所示，运用 15 个指标来测量，15 个指标测量被分成四个维度，这四个维度决定了社会认可的不同级别。2009 年，Thomson 和 Boutilier 设计出一份包含 20 多道题的问卷，最早是在玻利维亚的调查中对矿业的利益相关者进行社会认可测量。2010 年，墨西哥和澳大利亚的调查对此进行了修订，使用了心理测量技术，形成了一个包含 15 道题的测验，2011 年又在玻利维亚的同一个矿上施测，从同意到不同意采用 5 点计分方法。最后，对数据进行正交旋转的因素分析，四个因素见表11-2，具体因素负荷和题目见表 11-3。

表 11-1　社会认可的水平和特征

社会认可水平	特征
抵制/终止	停业、抵制、封锁、暴力、破坏、法律挑战
接纳/容忍	拖延、重复问题和恐吓、外部 NGO 出现、监视
赞成/支持	公司被视为好邻居、为合作的成就而骄傲
心理认同	政治支持、项目的共同管理者、应对危机的统一战线

资料来源：Thomson & Boutilier, 2011。

表 11-2　构成社会认可三个水平的四个因素

水平	特点	决定社会认可水平的角色
1. 经济合法性	认为可以从公司（项目）中获益	如果缺位，多数利益相关者会拒绝和抵制；如果兑现，许多人会给予接纳的社会认可水平

水平	特点	决定社会认可水平的角色
2a. 社会政治合法性	认为公司（项目）有利于地区的幸福，尊重当地的生活方式，满足社会对其角色的预期，能按照利益相关者的公平观行动	如果缺位，获得赞成水平的社会认可可能性很小；如果同时还缺乏互相信任（2a和2b），则几乎没有利益相关者会给予赞成水平的社会认可
2b. 相互信任	认为公司及其管理者会倾听、回应、信守承诺、致力于相互对话，在互动中展现互惠	如果缺位，很难获得赞成水平的社会认可；如果同时缺乏社会政治合法性（2a和2b），则几乎不可能给予赞成水平
3. 制度信任	认为利益相关者的机构（如社区代表组）与公司（项目）的关系建立在持续尊重彼此利益的基础上	如果缺位，心理认同不可能建立，虽然缺位，但如果具有社会政治合法性和互相信任（2a和2b），多数利益相关者会给予赞成水平的社会认可

资料来源：Thomson & Boutilier，2011。

表 11 - 3　社会认可测量的因素负荷和题目

经济合法性	相互信任	社会政治合法性	制度信任	
0.83	0.10	0.09	0.08	我们从与矿业的关系中有所得
0.76	- 0.22	- 0.25	- 0.13	我们需要与矿业合作，以实现我们最重要的目标
0.04	0.79	- 0.10	0.28	在与我们的关系中，矿业兑现了承诺
0.03	0.79	- 0.20	0.24	我们对与矿业的关系很满意
- 0.10	0.62	- 0.41	0.01	矿业的表现使我们受益
- 0.04	0.54	- 0.15	0.53	矿业愿意倾听
0.31	- 0.04	- 0.81	0.31	矿业长期致力于使整个地区幸福
- 0.04	0.25	- 0.78	0.23	矿业公平对待每一个人
0.17	0.30	- 0.72	0.21	矿业尊重我们的行为方式
- 0.09	0.39	- 0.67	0.29	我们与矿业在地区未来远景上的立场是相似的
- 0.04	0.08	- 0.38	0.75	矿业对于那些负面的影响给予更多支持
0.10	0.18	- 0.11	0.74	矿业与我们分享决策权
- 0.12	0.26	- 0.43	0.70	矿业考虑我们的利益
- 0.17	0.34	- 0.46	0.61	矿业关心我们的利益
0.45	0.19	- 0.11	0.58	矿业向我们分享相关的信息

资料来源：Thomson & Boutilier，2011。

图 11 - 6 为社会认可测量的箭头模型，该模型被分为四个不同部分，分别是社会认可的经济合法性、社会政治合法性、相互信任和制度信任，

四个因素可以组合成社会认可的不同样貌。

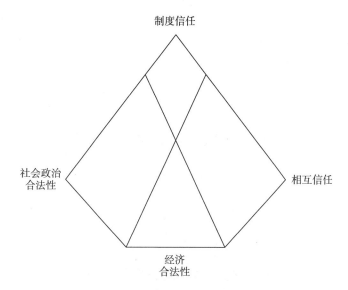

图 11-6 社会认可测量的箭头模型

资料来源：Thomson & Boutilier, 2011。

第十二章

社会认可实践的可能性

一 社会认可的理念和方法

"社会认可"是对英文 Social License to Operate（简称 SLO）的翻译，就是社会对于企业经营的接受和认可。"社会认可"反映了一种理念，就是社会可以同意给予或取消对一个公司和其经营的支持（Williams & Walton，2013），或者具体说就是获得当地社区或其他利益相关者（stakeholders）的赞同（Thomson & Boutilier，2011），被更广泛意义上的社会所接纳（Joyce & Thomson，2000）。因此，"社会认可"被定义为一个项目持续地被当地社区居民和其他利益相关者所接纳（Boutilier et al.，2012）。"社会认可"的理念与联合国提出的"自由、事前和知情同意"的原则是相呼应的（United Nations，2004），是符合可持续发展理念的，许多企业将其作为一种企业社会责任（Wilburn & Wilburn，2011）。

Thomson 和 Boutilier（2011）认为，一个采矿项目可以分为勘探、可行性论证、建设、运行、关闭和关闭后事项处理六个阶段。而在这六个阶段中，"社会认可"的获得和维持是动态的，需要企业、利益相关者共同努力。首先是企业战略与利益相关者可能相互影响，并且这种影响作用于企业，企业产生让利益相关者参与决策的动机，通过企业与社区建立社会关系，企业获得最初的社会资本。在这个阶段，企业基本获得了项目运行的合法性，该项目被利益相关者接纳，这是项目运行所需的最低级别的"社会认可"。一方面，这种"接纳"的获得使得企业拥有了达到其战略目标的可能性；另一方面，这种"接纳"的获得也使企业认识到"社会认可"的重要性，因而提高了企业让更多的利益相关者参与决策的积极性。企业在经历了多次和利益相关者的互动后，有可能获得最高级别的"社会认可"——利益相关者在心理上把项目作为社区发展不可或缺的一部分，把自己看作该项目的"拥有者"，在这一级别的"社会认可"之下，企业实现其战略目标的可能性最大（Thomson & Boutilier，2011）。

基于此，有学者进一步认为"社会认可"就是获得当地居民知情的情况下，得到他们自由的、优先的一致同意，这要求在给所有社区居民提供多学科分析的基础之上，获得他们协商后的一致同意（Salim，2003）。

"社会认可"程度可以用社会心理学手段来测量。测量分为直接测量和间接测量，间接测量又分为实物指标（physical indicator）和口头指标（verbal indicator），实物指标主要是观测利益相关者对某一项目的具体行为（如抵制、参与、支持等），不同行为代表企业在该地区的利益相关者中有着不一样的认可级别；口头指标则是调查者在与利益相关者的交流中分析其关键用词，来区别不同的认可程度。

Thomson 和 Boutilier（2011）把"社会认可"分为四个等级：终止（withheld/withdrawn）水平、接纳（acceptance/tolerance）水平、赞同（approval/support）水平和心理认同（psychological identification）水平。

2005 年，Nelson 和 Scoble 的调查结果显示，影响"社会认可"的四个主要因素是：（1）保持良好的公司声望；（2）了解当地文化、语言和历史；（3）让当地居民了解项目的真实情况；（4）保障运营过程中始终与所有的利益相关者有公开的交流（Nelson & Scoble，2006）。

"社会认可"的理念和方法容易理解，也容易被人接受。其模式对中国的化工业和其他产业的选址困境的脱困具有启发性。

本研究试图通过问卷调查初步了解中国居民对化工项目的社会认可程度，以及对"社会认可"产生影响的主要因素。

二 研究方法

本研究采用在线调查的方式，样本由问卷星（www. sojump. com）从
样本库中随机抽取，样本总数为 1096 人，样本地区分布情况如表 12 - 1
所示，样本基本情况如表 12 - 2 所示。

表 12 - 1 样本地区分布情况

单位：%

地区	样本量	百分比
上海	238	21.7
北京	195	17.8
广东	118	10.8
江苏	79	7.2
浙江	71	6.5
山东	49	4.5
福建	47	4.3
四川	35	3.2
其他	264	24.1

表 12 - 2 样本基本情况

单位：%

		频数	百分比
性别	女	613	55.9
	男	483	44.1
年龄	18~27 岁	359	33.0
	28~34 岁	464	42.6
	35 岁及以上	265	24.4
受教育程度	初中及以下	4	0.4
	高中	28	2.6
	大专	180	16.4
	本科	782	71.4
	研究生	102	9.3

续表

		频率	百分比
家庭月收入	6999 元及以下	214	19.7
	7000～9999 元	211	19.4
	10000～13999 元	235	21.6
	14000～17999 元	250	23.0
	18000 元及以上	178	16.4
居住城市	首都	198	18.1
	省会	490	44.7
	地方城市	297	27.1
	城镇及以下	111	10.1

注：年龄和家庭月收入变量存在缺失值。

本研究问卷内容除了基本的人口学变量外，主要包括生活满意度、对化工业重要性的认知、对政府对化工业的治理能力判断、化工业的消极影响（包括对健康的影响、对环境的影响、对农业旅游业的影响、对生活成本的影响）、化工业事故发生情况、社会认同、道德信念、对化工业依赖的认知、对中国化工业了解的程度、化工业熟人数量、化工业带来的收益（包括一般收益、就业收益、基本建设收益和教育收益）、化工业带来的公平（程序公平和分配公平）问题、效能感（公共效能感和社区效能感）、对化工业的信任、对政府的信任。本研究重点考察的是调查对象对化工业的接受度，分为是否接受国内化工项目和是否接受居住区附近的化工项目。

三 研究结果

（一）对化工项目的接受度

本次调查结果显示，在1096个样本中，接受国内化工项目的平均得分为3.20（5点量表），倾向于能够接受，但达不到比较能够接受的水平。接受居住区附近的化工项目的平均得分为2.39，倾向于不能接受，接近比较不能接受的水平。对同一群体对国内和居住区附近化工项目的接受度进行差异检验，可以发现二者之间存在极其显著的差异（t检验）。

（二）不同居民对化工项目的接受度

1. 不同性别居民

从表 12 - 3 中可以看出，不同性别居民对化工项目的接受度不同。男性对国内化工项目的接受度高于女性，对居住区附近化工项目的接受度低于女性，但均不存在显著差异。

表 12 - 3　不同性别居民对化工项目的接受度

		频数	均值	标准差
国内接受	女	613	3.16	0.77
	男	483	3.25	0.85
	总数	1096	3.20	0.81
临近接受	女	613	2.40	0.89
	男	483	2.37	0.94
	总数	1096	2.39	0.91

2. 不同年龄组居民

将调查对象分为数量大致相近的三个组：18～27 岁、28～34 岁和 35 岁及以上组，结果显示（见表 12 - 4），随着年龄的增加，居民对化工项目的接受度降低，不论是对国内化工项目还是居住区附近的化工项目都如此，而且差异都很显著（国内化工项目的接受度方差分析结果：$F =$

表 12 - 4　不同年龄组居民对化工项目的接受度

		频数	均值	标准差
国内接受	18～27 岁	359	3.30	0.73
	28～34 岁	464	3.18	0.80
	35 岁及以上	265	3.10	0.91
	总数	1088	3.20	0.81
临近接受	18～27 岁	359	2.49	0.88
	28～34 岁	464	2.40	0.92
	35 岁及以上	265	2.22	0.92
	总数	1088	2.39	0.91

4.79，$p = 0.008$；居住区附近化工项目的接受度方差分析结果：$F = 6.77$，$p = 0.001$）。

3. 不同受教育程度居民

调查对象的受教育程度以大专以上为主，高中及以下受教育程度者只有 32 人，因此，将受教育程度合并为大专及以下、本科和研究生三组。统计结果显示（见表 12 - 5），受教育程度越高，对国内化工项目的接受度越高，大专及以下、本科和研究生三组在国内化工项目接受度上存在显著差异（$F = 4.54$，$p = 0.01$）；本科组对居住区附近化工项目的接受度最高，另外两组接受度接近，但三组之间的差异在统计上并不显著。

表 12 - 5　不同受教育程度居民对化工项目的接受度

		频数	均值	标准差
国内接受	大专及以下	212	3.07	0.88
	本科	782	3.22	0.79
	研究生	102	3.33	0.75
	总数	1096	3.20	0.81
临近接受	大专及以下	212	2.33	0.97
	本科	782	2.41	0.90
	研究生	102	2.32	0.91
	总数	1096	2.39	0.91

4. 不同收入群体

如表 12 - 6 所示，不同家庭月收入居民对国内化工项目的接受度不同，接受度最高的是家庭月收入在 14000 ~ 17999 元的居民，其次是 7000 元以下的居民和 18000 元及以上的居民，接受度较低的是家庭月收入 10000 ~ 13999 元的居民，接受度最低的是家庭月收入 7000 ~ 9999 元的居民，且这四组不同家庭月收入居民的接受度存在显著差异（$F = 2.53$，$p = 0.04$）。对于居住区附近化工项目的接受度具有类似的特点，同样是家庭月收入在 14000 ~ 17999 元的居民接受度最高，家庭月收入在 7000 ~ 9999 元的居民接受度最低，7000 元以下的居民接受度较高，18000 元及以上和 10000 ~ 13999 元的居民接受度较低，经检验，三组之间的差异达到显著水平（$F = 3.06$，$p = 0.02$）。

表 12 - 6　不同家庭月收入居民对化工项目的接受度

		人数	均值	标准差
国内接受	6999 元及以下	214	3.25	0.72
	7000～9999 元	211	3.09	0.87
	10000～13999 元	235	3.14	0.83
	14000～17999 元	250	3.30	0.71
	18000 元及以上	178	3.23	0.88
	总数	1088	3.20	0.80
临近接受	6999 元及以下	214	2.43	0.86
	7000～9999 元	211	2.27	0.91
	10000～13999 元	235	2.35	0.90
	14000～17999 元	250	2.54	0.84
	18000 及以上	178	2.33	1.05
	总数	1088	2.39	0.91

5. 不同自我阶层认同居民

调查中有一个自我阶层认同的题目问及受访者在社会中所处的经济地位，选项分为上、中上、中、中下和下五个等级，只有 7 个人选择"上"，统计时将其合并到中上一组。结果显示（见表 12 - 7），无论是对国内化工项目的接受度还是对居住区附近化工项目的接受度，自我阶层定位越低，接受度也越低，且四个组之间在两种情境下的接受度均存在显著的差异（在对国内化工项目的接受度方差分析中，$F = 5.04$，$p = 0.002$；在对居住区附近化工项目的接受度方差分析中，$F = 3.94$，$p = 0.008$）。

表 12 - 7　不同自我阶层认同居民对化工项目的接受度

		频数	均值	标准差
国内接受	中上	73	3.45	0.81
	中	432	3.25	0.85
	中下	483	3.16	0.74
	下	84	3.00	0.88
	总数	1072	3.20	0.81

续表

		频数	均值	标准差
临近接受	中上	73	2.73	0.99
	中	432	2.39	0.98
	中下	483	2.35	0.81
	下	84	2.33	0.98
	总数	1072	2.39	0.91

6. 不同等级城市居民

如表 12 - 8 所示，不同居住城市居民对国内化工项目的接受度不同，城市等级越高，居民的接受度也越高，但四种居住城市居民的接受度差异并未达到显著水平。不同居住城市居民对居住区附近化工项目的接受度不同，首都居民的接受度最高，其次是地方城市居民，省会城市居民的接受度最低，四组居民的接受度并无显著差异。

表 12 - 8　不同等级城市居民对化工项目的接受度

		人数	均值	标准差
国内接受	首都	198	3.28	0.74
	省会城市	490	3.20	0.79
	地方城市	297	3.17	0.85
	城镇及以下	111	3.15	0.86
	总数	1096	3.20	0.81
临近接受	首都	198	2.47	0.78
	省会城市	490	2.33	0.91
	地方城市	297	2.44	0.98
	城镇及以下	111	2.34	0.92
	总数	1096	2.39	0.91

（三）化工项目接受度的影响因素

以下是对两种情境下居民对化工项目接受度的影响因素分析，其中，将受教育程度转化为受教育年限、将家庭月收入分组转化为各组中间值。

1. 国内化工项目接受度的影响因素

表 12 - 9 中，因变量为对国内化工项目接受度的模型，其影响因素包

括个人背景变量——性别、家庭月收入和自我阶层认同，个体特征变量——道德信念，个人感受性变量——社区效能感、产业重要性、事故发生、化工业带来的教育和就业收益，以及行业信任，这些因素对于居民对国内化工项目的接受度有显著或极其显著的影响。

表12-9 国内化工项目接受度影响因素的回归分析结果

	非标准化系数 B	标准误差	标准系数	t 值	显著性
常量	2.002	0.232		8.630	0.000
行业信任	0.120	0.034	0.133	3.575	0.000
产业重要性	0.179	0.027	0.194	6.725	0.000
道德信念	-0.153	0.017	-0.221	-8.765	0.000
教育收益	0.079	0.018	0.140	4.292	0.000
就业收益	0.092	0.028	0.099	3.298	0.001
社区效能感	0.074	0.023	0.112	3.161	0.002
事故发生	-0.066	0.016	-0.121	-4.235	0.000
性别	0.147	0.040	0.091	3.707	0.000
家庭月收入	-0.000013	0.000	-0.083	-3.082	0.002
自我阶层认同	-0.059	0.026	-0.06	-2.272	0.023
$R^2 = 0.387$					

2. 居住区附近化工项目接受度的影响因素

表12-10中因变量为对居住区附近化工项目接受度的模型，其影响因素包括个人背景变量——性别和家庭月收入，个体特征变量——道德信念，个人感受性变量——公共效能感、程序公平、政府治理、环境影响、化工业带来的一般收益和教育收益，以及行业信任，这些因素对于居民对居住区附近化工项目的接受度有显著或极其显著的影响。

表12-10 居住区附近化工项目接受度影响因素的回归分析结果

	非标准化系数 B	标准误差	标准系数	t 值	显著性
常量	1.892	0.240		7.874	0.000
行业信任	0.154	0.039	0.151	3.915	0.000
道德信念	-0.126	0.020	-0.161	-6.361	0.000
程序公平	0.069	0.021	0.121	3.337	0.001

	非标准化系数 B	标准误差	标准系数	t 值	显著性
环境影响	-0.079	0.022	-0.111	-3.618	0.000
教育收益	0.108	0.029	0.170	3.745	0.000
一般收益	0.084	0.033	0.116	2.568	0.010
公共效能感	0.078	0.027	0.113	2.945	0.003
政府治理	-0.093	0.037	-0.078	-2.483	0.013
性别	0.094	0.047	0.051	2.005	0.045
家庭月收入	-0.00001	0.000	-0.057	-2.225	0.026
			$R^2 = 0.352$		

四　讨论和建议

"社会认可"模式一经提出就广受欢迎，其基本理念迎合了可持续发展的大趋势。"社会认可"的基本理念相对容易理解，也容易被人接受，这个模式对于陷入困境的中国化工业选址来说是具有启发性的。

本研究的结果与国外类似研究并无太大差异，一些影响社会认可的变量是相似的。

本研究发现，调查对象对国内化工项目和居住区附近化工项目的接受度存在显著差异，也就是存在"临避现象"（no in my backyard）。如何避免这种现象出现将是未来解决化工业选址困境要突破的难题。

影响国内化工项目接受度的个体因素有性别、家庭月收入和自我阶层认同，因此，要关注不同社会经济地位群体对化工项目的态度，确定获取社会认可的首要目标群体，有针对性地采取措施，充分沟通，获得他们的信任。产业重要性和事故发生是影响个体社会认可的重要变量，国家有关部门应该让民众了解化工业的现状，了解化工业在国家产业布局和经济发展中的重要性及化工业对人们日常生活的意义和作用。化工产业既不能回避和隐瞒问题（比如环境污染问题），也不能无视民众的态度和意见，要真诚沟通，协商解决发展中出现的问题。了解民众的价值观念，根据价值观念的特点来确定如何达成社会共识，获得社会认可。

社区效能感是影响民众接受化工项目的重要因素。在建设化工项目时，要积极鼓励利益相关者参与化工项目的论证和实施过程，通过广泛的社会参与提高社区效能感，积极争取社会信任，不断提高社会认可水平。

在获得社会认可时，一个重要的方面就是要充分尊重利益相关者的权益，使得化工项目的实施能让利益相关者都有收益，如为选址地居民提供更多的就业机会、更好的教育资源。

本研究发现，除了性别、家庭月收入、道德信念和教育收益外，调查对象对于居住区附近化工项目的认可还受到公共效能感、程序公平、政府治理、环境影响、化工业带来的一般收益的影响。因此，在化工项目的实施过程中要特别关注这些因素。首先，环境影响是社会认可的基础。随着民众对环境风险认识的加深，他们对于居住环境可能恶化的恐惧异常强烈，获得社会认可就要了解人们对于项目可能带来的环境影响的认知和态度，而不是依赖环境评价报告的合法性而强行实施。其次，要切实保证项目不对环境构成威胁，不对居住区居民健康构成威胁。

在化工项目的实施过程中，要提高项目前后期的公共参与度，政府在严格执行审批和第三方环境评价的情况下，通过法律和制度途径，促进社会认可机制的形成，扶持社会力量，约束企业和地方政府的行为。化工项目要使所有利益相关者都能够获益，项目带来的一般收益、教育收益、就业收益都有助于项目获得社会的支持和长久的发展。

政府在化工项目各环节的程序公平、政府的治理能力是化工项目获得社会认可的关键。无论是国内还是居住区附近的化工项目，行业信任都直接影响项目的接受度。

中国对社会认可的需求与社会认可最初产生时的缘由一样，是为了避免冲突和不可预计的成本。换句话说，未来，在化工项目的建设中，社会许可将成为必要条件。

目前世界上的社会认可是作为一种企业社会责任体现的，是企业的自愿行为。而在中国的现实环境下，把社会认可作为一种法定要求是解决目前化工业选址困境的有效措施。在中国实行社会认可有两条可能途径：社会许可的合法性扩展和法律许可的社会性扩展。第一条途径就是提高社会认可的法律地位和社会政策地位，使其成为一种制度性、法规性措施，切实保障民众的基本权利；另一条途径是在法律许可中增加社会认可成分，使得获得社会认可成为一种法律规定。

参考文献

阿兰·科斯特，2005，《风险社会还是焦虑社会？——有关风险、意识与共同体的两种观点》，载芭芭拉·亚当、乌尔里希·贝克、约斯特·房龙编著《风险社会及其超越：社会理论的关键议题》，赵延东、马缨等译，北京：北京出版社。

安东尼·吉登斯，2000，《现代性的后果》，田禾译，南京：译林出版社。

安东尼·吉登斯，2001，《失控的世界》，周红云译，南昌：江西人民出版社。

奥尔波特等，2003，《谣言心理学》，刘水平等译，沈阳：辽宁教育出版社。

奥尔特温·雷恩、伯内德·罗尔曼，2007，《跨文化风险感知研究：现状与挑战》，《跨文化的风险感知：经验研究的总结》，张虎彪、赵延东译，北京：北京出版社。

奥特温·伦内，2005，《风险的概念：分类》，载谢尔顿·克里姆斯基、多米尼克·戈尔丁编《风险的社会理论学说》，徐元玲、孟毓焕、徐玲等译，北京：北京出版社。

芭芭拉·亚当、约斯特·房龙，2005，《重新定位风险；对社会理论的挑战》，载芭芭拉·亚当、乌尔里希·贝克、约斯特·房龙编著《风险社会及其超越：社会理论的关键议题》，赵延东、马缨等译，北京：北京出版社。

鲍曼，2011，《序二·个体地结合起来》，载乌尔里希·贝克、伊丽莎白·贝克－格恩斯海姆著《个体化》，李荣山、范譞、张惠强译，北京：北京大学出版社。

伯内德·罗尔曼、奥尔特温·雷恩，2007，《风险感知研究：导论》，载奥尔特温·雷恩、伯内德·罗尔曼著《跨文化的风险感知：经验研究的总结》，张虎彪、赵延东译，北京：北京出版社。

蔡骐，2008，《媒介化社会的来临与媒介素养教育的三个维度》，《现代传播》第 6 期。

曹立波、任锡娟、陈缓，2010，《汽车儿童安全座椅的结构特点及发展趋势探讨》，《汽车零部件》第 3 期。

成黎、马艺菲、高扬等，2011，《城市居民对食品安全态度调查初探》，《食品安全导刊》第 4 期。

程玲、向德平，2007，《社会转型时期的社会风险研究》，《学习与实践》第 10 期。

大卫·丹尼，2009，《风险与社会》，马缨、王嵩、陆群峰译，北京：北京出版社。

多米尼克·戈尔丁，2005，《风险研究的社会和规划历史》，载谢尔顿·克里姆斯基、多米尼克·戈尔丁著《风险的社会理论学说》，徐元玲、孟毓焕、徐玲等译，北京：北京出版社。

广州社情民意研究中心，2012，《食品安全公众不满突出，市民防范多靠自己——2012 年食品安全状况广州市民评价民调报告》，http://www. c-por. org/reportview. aspx？tid = 39&id = 583。

何威、马晓光、高树晓等，2009，《儿童安全座椅：让交通事故中的儿童更安全》，《中华急诊医学杂志》第 6 期。

克劳迪亚·卡斯蒂娜达，2005，《偷盗儿童器官的故事：风险、传闻和再生技术》，载芭芭拉·亚当、乌尔里希·贝克、约斯特·房龙编著《风险社会及其超越：社会理论的关键议题》，赵延东、马缨等译，北京：北京出版社。

莱恩·多亚尔、伊恩·高夫，2008，《人的需要理论》，汪淳波、张宝莹译，北京：商务印书馆。

李宁、张鹏、胡爱军等，2009，《从风险认知到风险数量化分类》，《地球科学进展》第 24 期。

李哲敏，2004，《食品安全内涵及评价指标体系研究》，《北京农业职业学院学报》第 1 期。

刘录民、侯军歧、景为，2008，《食品安全概念的理论分析》，《西安电子科技大学学报》（社会科学版）第 4 期。

马凌，2008，《媒介化社会与风险社会》，《中国传媒报告》第 2 期。

马缨、赵延东，2009，《北京公众对食品安全的满意程度及影响因素分析》，《北京社会科学》第 3 期。

孟建、赵元珂，2006，《媒介融合：粘聚并造就新型的媒介化社会》，《国际新闻界》第 7 期。

苗书翰，2010，《台北地区机车骑士驾驶知识、安全态度及驾驶行为之研究》，台湾海洋大学硕士学位论文。

Peden, M., Scurfield, R., Sleet, D., et al., 2004，《世界预防道路交通伤害报告》，刘光远译，北京：人民卫生出版社。

秦庆、舒田、李好好，2006，《武汉市居民食品安全心理调查》，《统计观察》第 8 期。

全球道路安全合作伙伴，2007，《酒后驾驶：一本为决策者和从业者制定的道路安全手册》，http://www.grsproadsafety.org。

Robinson, J. P., Shaver, P. R., & Wrightsman, L. S., 1997，《性格与社会心理测量总览》（上），杨宜音、张志学等译，台北：远流出版公司。

尚婷、唐伯明、刘唐志，2010，《我国儿童安全座椅使用现状及对策研究》，《交通信息与安全》第 5 期。

史蒂夫·雷纳，2005，《文化理论与风险分析》，载谢尔顿·克里姆斯基、多米尼克·戈尔丁著《风险的社会理论学说》，徐元玲、孟毓焕、徐玲等译，北京：北京出版社。

斯科特·拉什，2005，《风险文化》，载芭芭拉·亚当、乌尔里希·贝克、约斯特·房龙编著《风险社会及其超越：社会理论的关键议题》，赵延东、马缨等译，北京：北京出版社。

斯科特·拉什，2011，《序一·非线性模型中的个体化》，载乌尔里希·贝克、伊丽莎白·贝克-格恩斯海姆著《个体化》，李荣山、范譞、张惠强译，北京：北京大学出版社。

汤金宝，2011，《食品安全管制中公众参与现状的调查分析》，《江苏科技信息》第 4 期。

王俊秀，2008，《面对风险：公众安全感研究》，《社会》第 4 期。

王俊秀，2011，《中国居民安全感调查的对比分析》，载王俊秀、杨宜芳主编《2011 年中国社会心态研究报告》，北京：社会科学文献出版社。

王强模，1993，《列子全译》，贵阳：贵州人民出版社。

王舒蔓，2011，《从统计数据看汽车社会的美国》，载王俊秀主编《中国汽车社会发展报告（2011）》，北京：社会科学文献出版社。

王志刚，2003，《食品安全的认知和消费决定：关于天津市个体消费者的实证分析》，《中国农村经济》第 4 期。

乌尔里希·贝克，2001，《再造政治：自反性现代化理论初探》，载乌尔里希·贝克、安东尼·吉登斯、斯科特·拉什著《自反性现代化——现代社会秩序中的政治下传统与美学》，赵文书译，北京：商务印书馆。

乌尔里希·贝克，2004，《风险社会》，何博闻译，南京：译林出版社。

乌尔里希·贝克，2005，《再谈风险社会：理论、政治与研究计划》，载芭芭拉·亚当、乌尔里希·贝克、约斯特·房龙编著《风险社会及其超越：社会理论的关键议题》，赵延东、马缨等译，北京：北京出版社。

乌尔里希·贝克、伊丽莎白·贝克－格恩斯海姆，2011，《前言：个体化的种类》，载贺美德、鲁纳编著《"自我"中国：现代中国社会中个体的崛起》，许烨芳等译，上海：上海译文出版社。

吴世杰，2011，《用路价值对机车违规意向之研究分析》，上海交通大学硕士学位论文。

谢尔顿·克里姆斯基，2005，《理论在风险研究中的作用》，载谢尔顿·克里姆斯基、多米尼克·戈尔丁著《风险的社会理论学说》，徐元玲、孟毓焕、徐玲等译，北京：北京出版社。

阎云翔，2011，《导论：自相矛盾的个体形象，纷争不已的个体化进程》，载贺美德、鲁纳编著《"自我"中国：现代中国社会中个体的崛起》，许烨芳等译，上海：上海译文出版社。

杨天宝、王法云，2003，《我国食品安全现状》，《现代商贸工业》第12期。

杨雪冬，2004，《风险社会离我们有多远?》，《学习时报》12月16日。

尹建军，2008，《社会风险及其治理研究》，中共中央党校博士学位论文。

尤根·罗沙、纳瑞克·松田、瑞达·克林赫瑟林克，2007，《风险的认知构架》，载奥尔特温·雷恩、伯内德·罗尔曼著《跨文化的风险感知：经验研究的总结》，张虎彪、赵延东译，北京：北京出版社。

约斯特·房龙，2005，《人工智能复制时代的虚拟风险》，载芭芭拉·亚当、乌尔里希·贝克、约斯特·房龙编著《风险社会及其超越：社会理论的关键议题》，赵延东、马缨等译，北京：北京出版社。

张海波，2007，《社会风险研究的范式》，《南京大学学报》（哲学·人文科学版）第44期。

张涛甫，2006，《媒介化社会语境下的舆论表达》，《现代传播》第5期。

郑宇鹏、夏英，2006，《食品安全问题研究综述》，《中国食物与营养》第7期。

周文林，2013，《我国儿童安全座椅使用率亟待提高》，《科技日报》6月3日。

庄明科、白海峰、谢晓非，2007，《驾驶人员风险驾驶行为分析及相关因素研究》，《北京大学学报》（自然科学版）第2卷第4期。

Boutilier, R. G., Black, L., & Thomson, I. 2012. From metaphor to management tool: How the social license to operate can stabilize the socio-political environment for business. *International Mine Management 2012 Proceedings*, pp. 227 – 237. Melbourne, Australian Institute of Mining and Metallurgy.

Douglas, M., & Wildavsky, A. 1983. *Risk and culture*. Berkley: California University Press.

Douglas, M. 1992. *Risk and blame: Essays in cultural theory*. London: Routledge.

Gunningham, N., Kagan, R., & Thornton, D. 2004. Social licence and environmental protection: Why businesses go beyond compliance. *Law and Social Inquiry*, 29: 307 – 341.

Hardin, G. 1968. The tragedy of the commons. *Science*, 162: 1243 – 1248.

Holzmann, R., & Jorgensen, S. 1999. Social protection as social risk management: Conceptual underpinnings for the social protection sector strategy paper. *Journal of International Development* 11: 1005 – 1027.

Holzmann, R., & Jorgensen, S. 2000. Social risk management: A new conceptual framework for social protection, and beyond. Social Protection Discussion Paper No. 0006. World Bank, Washington, D. C. , forthcoming in International Tax and Public Finance, 2001.

Jacobs, G. , Aeron, T. A. , & Astrop, A. 2000. Estimating global road fatalities. Crowthorne, Transport Research Laboratory 2000 (TRL Report, No. 445)

Jimena, J. 2011. Social license: A profitable issue. *Canadian Mining Journal* 132, 8.

Joyce, S. , & Thomson, I. 2000. Earning a social license to operate: Social acceptability and resource development in Latin America. *Can. Inst. Min. Metall. Bul*, 93: 49 – 53.

Luhmann, N. , Barrett, R. , & Stehr, N. , et al. 2005. *Risk : A sociological theory*. New Brunswick: Transaction Publishers.

Mccartt, A. T. , & Williams, A. F. 2004. Characteristics of fatally injured drivers with high blood alcohol concentrations. *Insurance Institute for Highway Safety*.

Mccartt, A. T. , Blackman, K. , Voas, R. B. 2007. Implementation of Washington State's zero tolerance law: Patterns of arrests, dispositions, and recidivism. *Traffic Injury Prevention* 8 （4）: 339 – 345.

Murray, C. J. L. , & Lopez, A. D. , eds. 1996. The global burden of disease: A comprehensive assessment of mortality and disability from diseases, injuries, and risk factors in 1990 and projected to 2020. Boston, MA: Harvard School of Public Health.

Nelson, J. , & Scoble, M. 2006. Social license to operate mines: Issues of situational analysis and process. Department of Mining Engineering, University of British Columbia, Vancouver.

Reason, J. , Manstead, A. , Stranling, S. , et al. 1990. Errors and violations on the roads: A real distinction? *Ergonomics*, 33 (10 – 11): 1315 – 1332.

Salim, Emil, 2003. Extractive industries review: Striking a better balance, Vol. 1. Warshington, D. C. : World Bank Group.

Salim, Emil. 2003. "Striking a better balance: The world bank and extractive industries," 1, 1 – 92.

Slovic, P. 2000. *The perception of risk*. London and Sterling: Earthscan Publications Ltd.

Thomson, I. , & Boutilier, R. 2011. Social license to operate. In Darling, P. (ed.), *SME mining engineering handbook*. Littleton, Colorado: Society for Mining, Metallurgy and Exploration, pp. 1770 – 1796.

Thomson, I. , & Joyce, S. 2006. Changing mineral exploration industry approaches to sustainability. In Doggett, M. , & Parry, J. (eds.), *Wealth Cr-eation in the minerals industry: Integrating science, business and education*. Littleton, Colorado: Society of Economic Geologists, pp. 149 – 170.

Tyler, T. R. 2000. Social justice: Outcome and procedure. *International Journal of Psychology* 35: 117 – 125.

United Nations. 2004. Commission on human rights, sub-commission on the promotion and protection of human rights, working group on indigenous populations, twenty-second session. http://www. unhcr. org/cgi-bin/texis/vtx/refworld/rwmain? page = publisher& docid = 42d7b72f4& skip = 0& publisher = UNSUBCOM& querysi = twenty-second% 20session& searchin = title& display =10& sort = date.

U. S. Census Bureau. 2011. Statistical abstract of the United States: 2011, p. 696, Table 1107.

Whittle, David. 1999. Factors that influence mine design and project value. In Melbourne: Strategic mine planning: A financial perspective, 1 – 26.

WHO. 2009. Suggested citation: Global status report on road safety: time for action. Geneva, World Health Organization, http：∥www. who. int/violence_injury_ prevention/road_ safety_ status/2009.

WHO. 2013. Global status report on road safety 2013： Supporting a decade of action. Geneva, World Health Organization.

Wilburn, K. M. , & Wilburn, R. 2011. Achieving social license to operate using stakeholder theory. *Journal of International Business Ethics*, 4 （2）.

Williams, A. F. , Mccartt, A. T. , & Ferguson, S. A. 2007. Hardcore drin-king drivers and other contributors to the alcohol-impaired driving problem： Need for a comprehensive approach. *Traffic Injury Prevention*, 8 （1）： 1.

Williams, R. , & Walton, A. 2013. The social license to operate and coal seam gas development： A literature review report to the Gas Industry Social and Environmental Research Alliance （GISERA）. March 2013. CSIRO, Canberra.

World Bank. 2006. Youth in community-driven development. *Youth Development Notes*, 1 （5）.

图书在版编目（CIP）数据

公共风险：概念、理论与实证/王俊秀著. －－ 北
京：社会科学文献出版社，2020.12
（社会心理建设丛书）
ISBN 978 － 7 － 5201 － 7481 － 7

Ⅰ.①公… Ⅱ.①王… Ⅲ.①社会问题－研究－中国
Ⅳ.①D669

中国版本图书馆 CIP 数据核字（2020）第 205047 号

社会心理建设丛书
公共风险：概念、理论与实证

著　　者／王俊秀

出 版 人／王利民
责任编辑／杨桂凤 等

出　　版／社会科学文献出版社·群学出版分社（010）59366453
　　　　　地址：北京市北三环中路甲 29 号院华龙大厦　邮编：100029
　　　　　网址：www.ssap.com.cn
发　　行／市场营销中心（010）59367081　59367083
印　　装／三河市尚艺印装有限公司

规　　格／开　本：787mm × 1092mm　1/16
　　　　　印　张：13.25　字　数：205 千字
版　　次／2020 年 12 月第 1 版　2020 年 12 月第 1 次印刷
书　　号／ISBN 978 － 7 － 5201 － 7481 － 7
定　　价／98.00 元